Llyfrau Llafar Gwlad

Elis y Cowper

Elis Roberts, Llanddoged – Brenin y Baledi

A. Cynfael Lake

Argraffiad cyntaf: 2019

Rhif rhyngwladol: 978-1-84527-693-5

Mae'r cyhoeddwr yn cydnabod cefnogaeth ariannol
Cyngor Llyfrau Cymru

Cynllun clawr: Sion Ilar
Llun clawr sgwâr Llanrwst: Thomas Rowlandson (tua 1790)

Cyhoeddwyd gan Wasg Carreg Gwalch,
12 Iard yr Orsaf, Llanrwst, Conwy, LL26 0EH.
Ffôn: 01492 642031 Ffacs: 01492 641502
e-bost: llyfrau@carreg-gwalch.com
lle ar y we: www.carreg-gwalch.com

Argraffwyd a chyhoeddwyd yng Nghymru.

Cynnwys

I groesawu Mathew Islwyn

Diolchiadau

Diolch i Myrddin ap Dafydd am gytuno i gynnwys cyfrol ar Elis y Cowper yn y gyfres Llyfrau Llafar Gwlad, a diolch i bawb yng Ngwasg Carreg Gwalch am hwyluso'r cyhoeddi a'r argraffu.

Elis y Cowper a'i faledi

Dychmygwch am eiliad eich bod mewn eisteddfod yn Nyffryn Conwy, nid yn 2019 ond yn 1769, dri chant a hanner o flynyddoedd ynghynt. Yr oedd eisteddfodau yn cael eu cynnal yn y ddeunawfed ganrif, er eu bod wedi newid yn ddirfawr yn y cyfamser. Dychmygwch ymhellach, felly, fod yr eisteddfod yn 1769 yn debyg i'r gwyliau cenedlaethol yr ydym ni yn gyfarwydd â hwy heddiw. Pwy fyddai wedi bod ar y maes? Gallwch fod yn sicr y byddai Elis Roberts o Landdoged gerllaw, cowper wrth ei alwedigaeth, wedi bod yno. Ymhle y gallech ddod o hyd iddo? Byddai'r sawl a oedd yn ei adnabod yn dda yn ateb yn syth, 'Yn y Lle Yfed, a pheint yn ei law'. Cyfeiriodd un sylwebydd cyfoes at 'Elisa Gowper ai awen benrhydd uwch ben pot o ddiod gadarn'.[1] A phan oedd cydnabod arall, gŵr o'r enw Thomas Williams, ar ei ffordd gartref o farchnad Caer, ac wedi digwydd taro ar Elis Roberts rywle yng nghyffiniau Rhuddlan, y peth cyntaf a wnaeth y ddau oedd mynd i'r dafarn agosaf am lymaid, a barnu wrth dystiolaeth y llinellau a luniwyd ar yr achlysur.[2] Gwyddai Elis yn iawn am ganlyniadau mynychu'r cyfryw leoedd:

> Ystordy Satan, aflan yw,
> I'r llun di-ddawn a'r lle di-Dduw ...
> Mam puteindra, llymdra, llid,
> Llety'r meddwon, fryntion frid ...
> Hen fam lladrata, hyna' yw hi,
> Mam diwyno'n gas, gwneud dyn yn gi.[3]

Lluniodd un gerdd ac iddi'r pennawd 'Cyffes pechadur neu alarnad difrifol a wnaeth Elis Roberts iddo ei hun o achos meddwdod er rhybudd i bawb na ddilynont mo'i lwybrau ef'.[4]

Ond efallai'n wir mai y tu allan i stondin un o'r enwadau crefyddol y byddai Elis. Yn ôl Robert Griffith, 'un o hynodion y Bala [cynefin tybiedig Elis] ydyw mai yno y codir llawer o bregethwyr Cymru; ac yr oedd mwy o'r pregethwr yn Elis y Cowper, na neb o feirdd ei oes'.[5] Yr oedd yn aelod ffyddlon o'r Eglwys Wladol ac yr oedd yn bur hyddysg yn ei Feibl. Gellir ei ddychmygu yn dal pen rheswm â rhyw flaenor neu weinidog dwys ac yn lleisio yn huawdl ei bryderon am ymddygiad annuwiol ei gyd-Gymry, am fynychder troseddau mân a mawr, ac am blant wedi eu geni y tu allan i briodas ac yn cael eu magu gan famau sengl. Ymhen dwy flynedd, byddai'n cyhoeddi'r cyntaf mewn cyfres o lythyrau crefyddol ar ffurf pregeth. Cyhoeddwyd naw i gyd dros gyfnod o ryw ddwy flynedd ar bymtheg ac y mae'r ffaith fod sawl llythyr wedi ei ailargraffu yn tystio i'r darllen a fu ar y deunydd hwn.[6] Dylid crybwyll bod Elis wedi ei gyffelybu gan feirniad caredig i 'bregethwr bol clawdd'[7] a'i waith 'yn llawn o rethreg wag ac ailadrodd beichus, yn ymwneud â phechod, marwolaeth, pydredd y bedd ac uffern a'i boenedigaethau hyd syrffed.'[8] Yn ôl Gwilym Lleyn, 'Duwinydd digrif o'r fath ddigrifaf ydoedd Elis,'[9] ac yr oedd ei lythyron yn ôl sylwebydd arall yn 'rhyw fath o dduwinyddiaeth ddryslyd a diwerth.'[10]

Neu beth am y Babell Lên? Nid oedd eisteddfodau'r ddeunawfed ganrif yn annhebyg i ymrysonau'r beirdd yn ein dyddiau ni. Byddai'r prydyddion yn herio ei gilydd mewn cân ac englyn a gellir tybio y byddai Elis Roberts yn ei elfen yng nghanol y miri yn y fan honno. Hawdd credu mai Elis fyddai capten tim prydyddion Dyffryn Conwy, a gwae'r sawl a fyddai'n ceisio ei groesi. Ond y mae un peth y gellir bod yn sicr yn ei gylch. Wrth iddo lwybreiddio o'r bar i gyfeiriad y stondinau, ac yn ei flaen i'r Babell Lên, byddai sawl un wedi troi a syllu arno yn llawn edmygedd, a sawl rhiant wedi sibrwd wrth eu plant, 'Elis y Cowper yw hwnna.' Oherwydd yr oedd Elis erbyn chwedegau'r ddeunawfed ganrif yn bur adnabyddus. Yr oedd wedi ymenwogi ar gyfrif ei anterliwtiau a'i faledi, dau o gyfryngau mwyaf poblogaidd y dydd. Y ddeunawfed ganrif oedd oes aur yr anterliwt ac yn y ddeunawfed ganrif a'r ganrif wedyn y ffynnai'r faled hithau.

Awdur baledi ac anterliwtiau

Er bod gwahaniaethau amlwg rhwng y ddau gyfrwng, yr oedd sawl peth yn gyffredin hefyd. Elis y Cowper, Jonathan Hughes, Huw Jones o Langwm a Thwm o'r Nant oedd yr awduron baledi mwyaf toreithiog a'r pedwar hyn oedd y prif anterliwtwyr. Yr oedd y ddau gyfrwng yn ffynnu yn y gogledd, ac yn yr ardal wedi ei ffinio gan Ddyffryn Conwy yn y gorllewin a Dyffryn Clwyd yn y dwyrain. Er bod y ddau yn gyfryngau llafar – yr anterliwtiau yn cael eu chwarae ar lwyfan dros dro yn yr awyr agored a'r baledi yn cael eu datgan mewn ffair a marchnad a thafarn – buan y dechreuwyd argraffu copïau o'r naill a'r llall a bu cryn brynu arnynt yng nghwrs y ganrif. Ychydig o sylw a gafodd y ddau gyfrwng yn y cyfamser. Bu tuedd i ddifrïo'r faled a'r anterliwt ac i ddilorni'r awduron am eu bod yn darparu deunydd ysgafn a difyr ar gyfer trwch y boblogaeth.

Cafodd Twm o'r Nant gryn sylw ond diystyrwyd ei gyd-awduron. Yn ystod y blynyddoedd diwethaf, fodd bynnag, bu'r rhod yn troi a chafwyd cyfres o astudiaethau ar Jonathan Hughes, Huw Jones ac Elis y Cowper.[11]

Anterliwtiau Elis a ddenodd sylw G. G. Evans mewn astudiaeth a gyhoeddwyd yn 1995, bron i chwarter canrif yn ôl bellach.[12] Yn wir, aeth G. G. Evans mor bell â honni mai'r anterliwtiau oedd yr unig ddeunydd a gynhyrchodd ac iddo werth arhosol: 'Pe na bai anterliwtiau o'i waith ni fyddai [Elis Roberts] 'n ddim mwy nag awdur dibwys o'r ddeunawfed ganrif'.[13] Baledi Elis y Cowper sydd dan sylw yn y llyfr hwn ac y mae ei waith yn bwysig pe na bai ond am y ffaith mai ef oedd awdur mwyaf toreithiog y ganrif. Y mae lle i gredu iddo lunio rhyw dri chant o faledi i gyd. Tua dau gant o faledi ei gyd-awdur Huw Jones a ddiogelwyd. Y mae'n briodol iawn fod detholiad bychan hylaw o'i faledi yn cael gweld golau dydd mewn print yn ystod blwyddyn ymweliad yr Eisteddfod Genedlaethol â Dyffryn Conwy.

Bywyd Elis y Cowper

Prin yw'r ffeithiau am fywyd Elis y Cowper. Gall y sawl sydd am ddysgu mwy amdano droi at astudiaeth G. G. Evans lle y mae'r rhan fwyaf o'r hyn sy'n hysbys amdano wedi ei grynhoi. Cofnododd Twm o'r Nant lawer am gwrs ei fywyd ef mewn hunangofiant byr a gyhoeddwyd yng nghylchgrawn *Y Greal* yn 1805.[14] Gwnaethai Elis rywbeth tebyg flynyddoedd ynghynt ond mewn baled sydd, ysywaeth, wedi ei cholli erbyn hyn. Yn ffodus, bu'r faled yn nwylo Charles Ashton ac amlinellodd ef ei chynnwys. Dywed Elis yn y gerdd hon iddo ddysgu crefft cylchlestrwr trwy weithio gyda'i dad. Yn ôl ei dystiolaeth ei hun, dechreuodd ganu cerddi ac anterliwtiau – a meddwi – pan oedd yn ifanc. Yr oedd wedi colli tair gwraig erbyn iddo gwrdd â'i bedwerydd cymar, gwraig o'r enw Gras. Merch o'r Bala oedd ei wraig gyntaf ac y mae lle i gredu ei fod ef ei hun yn hanu o'r un ardal. Yr oedd Elis yn 53 mlwydd oed pan luniodd y faled hunangofiannol hon.[15]

Yn ôl nodyn yn llaw David Ellis, 'He died Nov 27, 1789 & was buried at Llanddoged Dec 1 aged about 76'.[16] Byddai wedi ei eni felly tua 1713 a gellir dyddio'r faled goll i'r flwyddyn 1766.[17] Dengys cofnodion plwyf Llanddoged fod deg o blant Elis wedi eu bedyddio cyn 1767. Yr oedd yn briod â'i ail wraig erbyn 1742 pan fedyddiwyd un o'i blant a ganed ei blentyn cyntaf ef a'i drydedd wraig yn 1753.

Cyfeiria Elis at y faled hunangofiannol goll mewn cerdd a luniodd yn 1784, ryw ddeunaw mlynedd yn ddiweddarach. Y mae'n agor y gerdd honno trwy ddwyn i gof yr hanes a adroddodd ynghynt. Crybwylla wendidau ei ieuenctid ac ensynia na lwyddodd i gefnu yn llwyr ar arferion bore oes a dilyn bywyd dilychwin yn y cyfamser:

Wel rhois fy hanes, gwmni llawen,
Hyd at yn dair ar ddeg a deugen,
Y modd y treuliais i fy ifienctid
Yn fwy nag undyn ym mhob gwendid;
Er mendio o hynny a mynd yn henedd
Rwy' eto'n fochyn pur ddifuchedd.[18]

Awgryma'r pennawd ei fod mewn oedran mawr erbyn hynny a'i fod yn teimlo bod y diwedd yn nesáu: 'O waith yr hen gowper o ffarwél i'w holl hen ffrindiau, cyn mynd i'r siwrnai heb ddyfod mwyach yn ôl.' Y mae'n cloi ar nodyn edifeiriol gan ddeisyf trugaredd yr Arglwydd:

Yr Arglwydd cyfion cofus,
A fyddo yn eiste yno yn ustus,
Trugarhaed yr Arglwydd wrtha'
Cyn imi fyned o'r byd yma;
Duw, dyro hedd cyn delo hedd,
Trugaredd Duw a agoro
Mewn agwedd duwiol ac a'm dalio,
Amen, Amen rwy'n llwyr ddymuno.

Byddai'n llunio baledi hyd fisoedd olaf ei fywyd. Cofnodir wrth garol basg y mydryddwyd ynddi'r flwyddyn 1789: 'Ac mae'n debygol mai dyma'r diwaetha' a wnaeth ef o Garol Pasg.'[19]

Beth oedd baled?

Priodas geiriau a thôn oedd y faled yn ei hanfod, ambell dôn yn frodorol a sawl un wedi cyrraedd Cymru o Loegr. Gelwid y cyfansoddiadau hyn yn faledi, yn gerddi, yn ddyrïau ac yn garolau. Datblygodd y math hwn o ganu yn ystod yr ail ganrif ar bymtheg ac yr oedd wedi hen ennill ei blwyf erbyn degawdau cynnar y ddeunawfed ganrif. Dechreuwyd argraffu'r cerddi, fel arfer mewn llyfrynnau bychain wyth tudalen a fyddai'n cynnwys dwy neu dair neu bedair cerdd. Gelwid y llyfrynnau hyn hefyd yn faledi. Byddai pob almanac a fyddai'n cylchredeg hefyd yn cynnwys detholiad o faledi. At hyn, cyhoeddwyd sawl blodeugerdd yng nghwrs y ganrif a chafodd y baledi le amlwg yn y rhain drachefn. Gwelir pump o faledi duwiol Elis rhwng cloriau blodeugerdd Huw Jones, *Dewisol Ganiadau yr Oes Hon* a welodd olau dydd yn 1759 a gwelir un gerdd o'i waith ym mlodeugerdd William Jones, *Llu o Ganiadau,* a gyhoeddwyd yn 1798, sawl blwyddyn wedi marw'r Cowper.

Fel arfer neilltuid tudalen cyntaf y llyfr baledi ar gyfer y teitl ystrydebol (*Dwy o Gerddi Newyddion &c.*) ac ar gyfer penawdau'r cerddi. Ar ddiwedd pob cerdd y cofnodid enw'r awdur. Pennawd a chynnwys y cerddi unigol, felly, oedd yr arf marchnata pwysicaf wrth ddenu prynwyr. Dyma'r peth cyntaf a welent hwy. Ar dro, fodd bynnag, caiff awdur y baledi unigol ei enwi ar yr wynebddalen ac y mae amlder y cyfeiriadau at Elis Roberts yn awgrym fod iddo statws pur arbennig ymhlith yr awduron ac yng ngolwg y darpar ddarllenwyr. Cofnodwyd enw'r awdur mewn mwy nag un ffordd: Elis Roberts, Elis Roberts Cowper, Elis Roberts Cowper Llanddoged, Elis y Cowper, neu E.R. yn foel a dirodres. Ond gwyddai pawb pwy oedd hwnnw. Byddai Elis yn ymfalchïo yn ei grefft fel cowper ac yn ei gyswllt â Llanddoged. Fe'i gwnaed yn gwbl eglur ar wynebddalen un llyfr baledi ymhle yn union yr oedd ei gartref: 'Gwybyddwch mai cam syniad ... yw dywedyd fod Elis Roberts yn Nant Conwy oblegid yn Llanddoged o fewn Sir Ddinbech y mae efe'.[20] Gwelir yr un math o briodoli ar flaenddalen y llythyrau crefyddol o'i waith: 'Hyn a fyfyriwyd gan Ellis Roberts, o Landdoged y prydydd a Chowper'.[21]

Pynciau'r baledi

Er bod pynciau'r baledi yn amrywiol y tu hwnt, os ceisir rhoi trefn a dosbarth ar y deunydd buan y gwelir bod pedwar prif faes yn cael eu cynrychioli. Gellir cysylltu cyfran helaeth iawn o'r baledi sydd ar glawr ag un o'r rhain. Clywyd droeon gan sylwebwyr oes ddiweddarach mai cynhyrchu cerddi bas a masweddol a wnâi'r awduron. Yn ôl *Llyfryddiaeth y Cymry,* 'yr oedd y Cowper yn hynod o annuwiol, er ei fod weithiau yn canu ac yn ysgrifenu llythyrau a phregethau difrifol'.[22] Ac eto, bu baledi ar bynciau crefyddol yn boblogaidd ar hyd y ganrif a geill fod hyd at chwarter y cerddi a oedd yn cylchredeg yn uniongyrchol gysylltiedig â'r maes hwn.

Yn y cerddi hyn rhybuddir y Cymry fod dyddiau pob un wedi eu rhifo a bod angen i bob un feddwl am ddyfodiad anochel angau a pharatoi ar ei gyfer trwy fyw bywyd bucheddol yn unol ag arweiniad yr Ysgrythurau a dysgeidiaeth yr Eglwys. Yr oedd galw am lunio carol newydd ar gyfer y plygain blynyddol a lluniwyd nifer mawr o'r rhain. Amlygir gwedd arall ar y canu crefyddol yn y baledi sy'n deisyf ffyniant yr Eglwys Wladol a'i phennaeth, y brenin, ac yn arswydo rhag unrhyw her neu fygythiad i'w statws a'i sefydlogrwydd. Dychanwyd y Methodistiaid a oedd yn bygwth undod yr Eglwys yn dost mewn sawl baled.

Serch yw'r ail faes a bu'r berthynas rhwng y rhywiau, ac ymwneud dynion a merched â'i gilydd, yn wythïen gyfoethog. Cynghorir y merched mewn sawl baled. Ensynnir bod y llanciau yn dwyllodrus a di-ddal ac anogir y merched i amddiffyn eu diweirdeb ac i sicrhau na fyddant yn ildio waeth beth a ddywed eu cariadon. Os genir plentyn y tu allan i briodas, cyfrifoldeb y fam fydd ei fagu; bydd y tad wedi cefnu arni a bydd ef a'i draed yn rhydd tra bydd hi yn gaeth ei byd, ei henw da wedi ei golli am byth, ei chyfeillion yn cefnu arni a hithau'n fawr ei chywilydd.

Y mae corff mawr o'r baledi yn seiliedig ar brofiadau beunyddiol Cymry'r oes a dyma'r trydydd maes. Cyfeirir at amryfal haenau a dosbarthiadau'r gymdeithas a'r berthynas rhyngddynt: y meistr tir a'r tenant, yr hwsmon, y porthmon, y siopwr, y tlodion a'r anghenus. Clywir cwynion ynghylch y trethi, am brinder nwyddau megis ymenyn a'r cynnydd yn ei bris, ac am ganlyniadau alaethus cynhaeaf gwael. Disgrifir y math o dillad ac ategolion sy'n cael eu chwennych gan ddynion a merched fel ei gilydd. Sonnir am arfer y merched o yfed y te estron ei darddiad ac ymlyniad y dynion wrth y cwrw brodorol. Bedyddiwyd y blaenaf yn Forgan Rondol ac adwaenid yr ail wrth yr enw Siôn yr Haidd. Yn ôl tystiolaeth y baledi câi'r tybaco ei werthfawrogi gan y dynion a'r merched yn ddiwahân. Sonnir am rasys ceffylau, am etholiadau ac am y milisia, a'r listio a'r hyfforddi a fyddai'n digwydd pan fyddai gelyn yn bygwth a diogelwch Prydain yn y fantol.[23]

Yn un o faledi Elis y Cowper cwynir bod yr holl drethi yn arwain at gynnydd ym mhris pob eitem: yn esgidiau, yn fotymau ac yn bapurau newydd:

> Ni chaem mo oleuni daioni Duw
> Heb dalu llawer, *eger* yw,

Na channwyll wiw na chynnydd,
Na glo heb dduty newydd,
Na throl i gario o'r mynydd,
Na brics i'w rhoi yn y parwydydd,
Heb fod cerydd tramgwydd treth,
Anhylaw fyd sy'n hwylio ar feth.[24]

Mewn baled arall ar yr un pwnc, y rhai sy'n dilyn amryfal alwedigaethau sy'n ymglywed â'r caledi oherwydd y trethi: y gof, y gwŷdd, y ffeltiwr, y crydd, y lliwydd, y pannwr, ac ati.[25] Dengys y rhestrau o alwedigaethau a gwrthrychau cyfarwydd yn y ddwy gerdd hyn mai bywyd a phrofiadau aelodau'r gymdeithas oedd deunydd crai'r faled. Enghreifftir yma hefyd ddull cyfrwys yr awduron o ailgylchu eu themâu er mwyn amlhau baledi. Yr un yw'r pwnc yn y ddwy gerdd, ond trwy ganolbwyntio ar wrthrychau cyfarwydd yn y naill ac ar alwedigaethau yn y llall, hawdd gan brynwyr y llyfrau baledi dybio eu bod yn wir yn darllen 'cerdd newydd'.

Byddai'r faled yn cyflawni swydd cyfryngau torfol ein dyddiau ni ac yn cyflwyno'r newyddion diweddaraf. Yn y cerddi sy'n perthyn i'r pedwerydd maes adroddir am ddamweiniau a llofruddiaethau yng Nghymru ac yn Lloegr, am drychinebau naturiol, am arwyddion wybrennol a'u harwyddocâd, am wrthdaro a rhyfeloedd rhwng gwledydd a'i gilydd, ac am bob math o ddigwyddiadau rhyfeddol ac anghyffredin.[26]

Gellid cyfeirio at fathau eraill o faledi hefyd er nad oedd y rhain mor niferus. Lluniwyd cerddi mawl, marwnad a gofyn ac yr oedd y cerddi hynny a oedd yn cofnodi troeon trwstan, hwythau, yn denu.[27] Yr oedd a wnelo llawer o'r troeon trwstan â charwriaethau ac â'r berthynas dymhestlog rhwng gŵr a gwraig. Seiliwyd nifer o'r baledi ar storïau poblogaidd a fu'n tramwyo o wlad i wlad. Yn un o faledi Elis adroddir hanes y gŵr o Rufain a garcharwyd am ryw gamwedd neu'i gilydd. Yr oedd ei fywyd yn y fantol a byddai wedi marw pe na buasai ei ferch wedi ymweld ag ef a'i fwydo â llaeth ei bron.[28] Câi englynion eu cynnwys yn y llyfrau baledi hefyd, ar yr wynebddalen ar dro ond ran fynychaf ar y ddalen olaf lle y defnyddid hwy i lenwi lle a fyddai fel arall yn wag. Anaml y gwastreffid unrhyw ran o'r llyfrau baledi. Englyn Elis 'i ddyn oedd yn chwyrnu' sy'n llenwi'r bwlch ar ddiwedd un llyfr:

Rhuo chwyrn wallgo chwrnellgwsg, – creglais
Gwddw cryglyd, dychryngwsg;
Sŵn corn cam tremgam trymgwsg,
Llai rheg taren ceg twrw cwsg.[29]

Arddull y baledi

Yr oedd y baledi yn seiliedig ar alawon a byddai'r geiriau yn dilyn cymalau a brawddegau'r gerddoriaeth. Câi'r rheini yn eu tro eu pwysleisio gan yr odlau mewnol a'r cyflythrennu. Dyma hanfod y gynghanedd sain, wrth gwrs. Nid addurn i'w arfer yn ysbeidiol mo hwn. Byddai'r prydyddion i gyd, ac Elis yn eu plith, yn cael eu cymell i ddefnyddio odlau mewnol a chyflythrennu ym mhob llinell ac ym mhob cwpled. Byddai mesur megis 'Bellisle March' (cerdd 11) yn caniatáu tair odl fewnol:

Nid oes un myn**ydd** yn y gwled**ydd** mor hylw**ydd** ag yw hwn,
Mae'n fara i fil**oedd** sy ar y mor**oedd** ac ar dir**oedd** yn ddi-dwn.

tra byddai mesur cymhleth fel 'Dydd Llun y Bore' (cerdd 12) yn symbyliad i lunio llinellau a oedd yn cynnwys dwy gynghanedd sain annibynnol, neu sain ddwbl, a'r rhan ganol (*sŵn ynfyd* yn y llinell isod) yn ddolen sy'n cyplysu'r ddwy:

Na hydera yn dy nerth, sain anferth, sŵn ynfyd hyll enbyd y llu
Na hydera yn dy nerth / sain anferth / sŵn ynfyd
Sŵn ynfyd / hyll enbyd / y llu

Un o ganlyniadau amlycaf y dull hwn o gyfansoddi yw amlder y geiriau llanw sydd wedi eu cynnwys i ateb gofynion y mesur. Gwelir hyn ym mhob un o faledi'r Cowper. Cyfeiriodd Alan Llwyd at yr ansoddair 'diddrwgdidda 'gwiw', cyfaill y cynganeddwr arwynebol'.[30] Gair sy'n cael ei arfer yn fynych yn y baledi yw 'moddion', a cheir yng ngherddi Elis ymadroddion megis *moddion mawr, moddion ffri, moddion dirfawr* a *moddion mwys*. Gwelir dull yr awduron o ddefnyddio geiriau llanw yng nghwpled agoriadol un o'r baledi sy'n cynnwys y ddau ymadrodd *o londaith lendid* a *gwendid gwael*:

Gwrandewch, ifienctid o londaith lendid,
Rhag dêl aflendid, gwendid gwael,

lle y mae *glendid* yn odli â *ifienctid* ac *aflendid*, a *gwendid* yn cynnal yr odl ymhellach ac ar yr un pryd yn cyflythrennu â *gwael*. Y mae *sain anferth* yn y dyfyniad arall achod yn aralleirio *sŵn ynfyd hyll enbyd* sy'n dilyn.

Gofynion y mesur sy'n cyfrif am eiriogrwydd llinellau fel y rhain ond dyma'r arddull a ddeuai'n naturiol i awduron y baledi. Yr hyn sy'n rhyfeddol yw eu bod yn gallu eu mynegi eu hunain mor ddiymdrech a pharchu gofynion y mesurau yr un pryd wrth adrodd hanes neu stori am ddamwain neu lofruddiaeth, a hynny mewn dull mor glir a gafaelgar.

Baledi: Diwydiant

Cyn troi at gyfansoddiadau Elis Roberts a thrafod rhai o'r pynciau pwysig y denwyd ef i draethu arnynt, buddiol fyddai cyfeirio'n fyr at y diwydiant baledi. Oherwydd yr oedd cynhyrchu baledi yn wir yn ddiwydiant yn y ddeunawfed ganrif ac yr oedd nifer o unigolion yn gysylltiedig â'r cynnyrch. Gellir adnabod pedwar dosbarth neu bedair swyddogaeth, ac yr oedd i bob swydd ei phriod orchwyl er nad oedd y ffiniau rhwng pob dosbarth yn gwbl haearnaidd. Ni cheid baled heb awdur. Bu tua chant o awduron yn weithgar yn ystod y ganrif er mai dyrnaid sy'n sefyll allan. Yr oedd Elis y Cowper, fel y gwelwyd eisoes, yn un o'r rheini. 'Prydydd' oedd yr enw a arddelai aelodau'r dosbarth hwn. Gelwir yr awduron yn faledwyr heddiw, ond yn y ddeunawfed ganrif enw ar y sawl a werthai'r llyfrau baledi oedd 'baledwr'. 'Cariwr baledi' yw'r disgrifiad yn un o gerddi Elis.[31] Dyma'r ail weithgarwch. Y gwerthwyr, yn ddynion ac yn ferched, a fyddai'n dosbarthu'r cynnyrch trwy drefi a phentrefi'r gogledd rhwng Môn yn y gorllewin a Sir y Fflint yn y dwyrain. Efallai fod natur eu hamgylchiadau wedi gorfodi ambell un i geisio cael deupen llinyn ynghyd trwy werthu llyfrau baledi. Lluniodd Elis Roberts un faled er mwyn cefnogi a chynorthwyo gwerthwr o'r enw Hugh Evans o Lannor yn Sir Gaernarfon; mewn un pennill esbonnir fel y trawyd ef gan y polsi neu'r parlys pan oedd yn bum mlwydd oed:

> Ym mhlwy Llannor darfu 'ngeni,
> Hyd 5 mlwydd oed bûm iach a gwisgi,
> Ond ar ryw noswaith, alaeth wylo,
> Y polsi ddaeth i'm llwyr ddiffrwytho.[32]

Ond yr oedd i'r gwerthwyr rôl arall a oedd lawn cyn bwysiced. Ymddengys mai'r gwerthwr a fyddai'n gyfrifol am gynnull y deunydd yn y lle cyntaf, a diau mai ar gais y gwerthwr y lluniwyd llawer o'r baledi. Y mae'r berthynas rhwng y gwerthwr a'r awdur wrth galon y diwydiant hwn. Dynodid enw'r gwerthwr ar flaenddalen y llyfr baledi a dyma gydnabod yn weledol ac yn gyhoeddus arwyddocâd ei swydd ef. Os oes modd adnabod y gwerthwyr am eu bod yn cael eu henwi fel hyn, rhaid cydnabod bod y dosbarth nesaf, dosbarth y datgeiniaid, yn llawer mwy annelwig. Prin iawn, ysywaeth, yw'r dystiolaeth am y datgeiniaid. Y mae'n bosibl fod rhai o'r gwerthwyr yn datgan y cerddi a oedd yn eu llyfrau, ac nad oedd yna ffin bendant, felly, rhwng y ddau weithgarwch, y gwerthu a'r canu. Ar wynebddalen un llyfr a werthid gan Hugh Evans, gwelir dau englyn yn ei gyfarch: 'ym mhlaid Hugh Evans, y baledwr'. Huw, meddir, a drefnodd fod y caneuon yn y llyfr yn cael eu hargraffu (*Huw Ifan roes gân ... 'n brintiedig*) ond ymddengys hefyd ei fod yn datgan y deunydd (*Braint ydoedd ... Fod llyg rhyfedd ... 'N rhuo cerdd*).[33] Y mae lle i gredu ei fod yn cyflawni dwy swyddogaeth, a'i fod yn werthwr ac yn ddatgeiniad. Yr argraffwr a gyflawnai'r bedwaredd swydd. Dros y ffin yn Lloegr, yn nhrefi'r gororau yng Nghaer ac Amwythig, y cynhyrchwyd y rhan fwyaf o'r llyfrau baledi. Sefydlwyd y wasg argraffu gyntaf ar dir Cymru yn Adpar ger Castellnewydd Emlyn yn 1718 ac yr oedd baled – cân i'r tybaco – ymhlith cynhyrchion cynharaf y wasg. Yn y gogledd, fodd bynnag, y ffynnai'r faled, ac yr oedd Caer ac Amwythig yn llawer mwy hygyrch i'r gwerthwyr na phegwn deheuol Sir Gaerfyrddin.

Mawr yw dyled pob un sy'n ymddiddori yn y faled i J. H. Davies, cofrestrydd ac yna prifathro Coleg Prifysgol Cymru Aberystwyth. Paratoes ef gatalog o'r holl faledi print y daethai ar eu traws. Rhestrir 165 llyfr baledi sy'n cynnwys cerddi o waith Elis Roberts yn *A Bibliography of Welsh Ballads Printed in the 18th Century*. Diwygiwyd ac ychwanegwyd at y deunydd yng nghatalog J. H. Davies a bellach gellir chwilio am wybodaeth am gerddi unigol, awduron, gwerthwyr ac argraffwyr, yn y gronfa sydd ar wefan 'Mynegai cyfrifiadurol i faledi argraffedig y ddeunawfed ganrif'.[34] Awgryma'r ystadegau moel yn y gronfa newydd hon fod Elis y Cowper mewn dosbarth ar ei ben ei hun. Rhestrir 318 cerdd wrth ei enw ef, 142 wrth enw Huw Jones o Langwm a 62 wrth enw Twm o'r Nant. Rhaid trin yr ystadegau hyn yn wyliadwrus, fodd bynnag, nes y bydd gwaith pob awdur wedi ei gasglu ynghyd a'i olygu yn drwyadl.

Argraffwyd ambell gerdd ar fwy nag un achlysur mewn mwy nag un llyfr baledi ac nid yw'r cyfansymiau uchod yn cymryd hynny i ystyriaeth. Ar y llaw arall, nid yw'r gronfa yn cynnwys cerddi a ddiogelwyd mewn ffynonellau eraill, mewn almanaciau, mewn llawysgrifau ac mewn blodeugerddi. Pan roddir trefn ar yr holl ddeunydd, anodd credu y caiff Elis Roberts ei ddisodli fel awdur baledi mwyaf cynhyrchiol y ddeunawfed ganrif.

Gyrfa a chysylltiadau'r awdur

Bu Elis Roberts yn ddiwyd yn llunio baledi rhwng dechrau'r 1740au a blwyddyn ei farw yn 1789. 'Cerdd sydd yn gosod allan yn gyhoeddus gwrs y flwyddyn ddiwethaf a'r bresennol, sef yr eira ym Mai y flwyddyn 1741' yw'r faled gynharaf y gellir bod yn sicr ynghylch ei dyddiad.[35] Y mae'n bosibl fod baled arall sy'n adrodd hanes ymosodiad y Llyngesydd Edward Vernon ar y Sbaenwyr yn Cartagena de Indias (ar arfordir gogleddol Columbia bellach) ym mis Mawrth 1741 wedi ei llunio tua'r un adeg.[36]

Os edrychwn ar ei yrfa a chymryd blwyddyn ein heisteddfod ddychmygol yn fan canol, ymddengys fod llawer mwy o gerddi yn perthyn i'r blynyddoedd 1769–89 nag i'r degawdau cyn 1769. Y mae'n bosibl, wrth gwrs, fod mwy o'r baledi cynnar nag o'r rhai diweddarach wedi eu colli. Ceir yr argraff hefyd i Elis lunio mwy o gerddi crefyddol ar gyfartaledd yn ystod y cyfnod cyntaf a bod mwy o amrywiaeth yn perthyn i'r deunydd a gyfansoddodd yn yr ail gyfnod. Efallai fod modd cynnig rhyw gymaint o oleuni ar natur y deunydd ac ar nifer y cerddi a gynhyrchwyd trwy ystyried perthynas y Cowper â dwy o'r swyddi y cyfeiriwyd atynt uchod.

Evan Ellis oedd un o werthwyr baledi mwyaf ymroddedig y blynyddoedd rhwng tridegau a chwedegau'r ganrif.[37] Dengys y cyfeiriadau ato ei fod yn werthwr teithiol a fyddai'n dosbarthu llyfrau baledi ac almanaciau ac amryfal gyhoeddiadau eraill. Y mae mwy o gerddi gan Elis Roberts na'r un awdur arall yn y llyfrau baledi sydd wrth enw Evan Ellis. Rhestrwyd 45 llyfr baledi a werthid ganddo yng nghatalog J. H. Davies, ac o edrych yn fanwl arnynt, gwelir bod 40 o blith 111 cerdd yn y llyfrau hyn yn waith y Cowper. Hynodrwydd llyfrau Evan Ellis yw eu cywair crefyddol amlwg. Cerddi crefyddol yn unig sydd mewn 32 allan o'r 45 llyfr a werthai a rhoddodd iddynt deitlau megis 'Tair o gerddi tra llesol at iechydwriaeth enaid dyn'.[38] Os derbynnir mai ar gais y gwerthwyr y lluniwyd llawer o'r deunydd a oedd yn cylchredeg yn y llyfrau baledi, yna y mae'n dilyn fod a wnelo'r gyfathrach rhwng Evan Ellis ac Elis Roberts â'r nifer mawr o faledi o natur grefyddol a luniodd y Cowper yn y blynyddoedd hyd at 1769. Daliodd y Cowper ati i lunio baledi crefyddol hyd ddiwedd ei oes, ond fel yr awgrymwyd, y mae'r *repertoire* fel petai yn llawer mwy amrywiol yn ystod yr ail gyfnod.

Un peth sy'n tystio'n glir i'r berthynas ac i'r cyfeillgarwch rhwng yr awdur a'r baledwr yw'r cyfeiriadau penodol at y gwerthwr yn rhai o'r cerddi. Siôn yr Haidd neu'r cwrw sy'n llefaru yn un o faledi Elis Roberts sy'n ymwneud â chyfeddach a meddwi. Cyffelybir Siôn i deyrn neu ymherodr a chaiff benrhyddid yn y gerdd dan sylw i bwysleisio ei rym a'i nerth a'i ddylanwad. Ei ddeiliaid ef, fe honnir, yw'r cyfreithwyr a'r pregethwyr, y seiri a'r melinwyr, y telynwyr a'r ffidleriaid. Ar ôl enwi rhes o swyddi fel hyn, crybwyllir yn llinellau olaf y faled ddau unigolyn sy'n driw i Siôn yr Haidd, ac Evan Ellis ac Elis Roberts yw'r ddau hynny. Sylwer mai 'baledwr' yw Evan Ellis; 'prydydd' yw Elis y Cowper ar y llaw arall. Yr hyn sy'n bwysig yn y cyswllt hwn yw mai Evan a werthai'r llyfr baledi a oedd yn cynnwys y gerdd o waith Elis y Cowper a oedd yn ei enwi:

> Rhof Ifan Faledwr o'r ffwndwr i'r ffos
> Neu ganu yn ei wely a nadu drwy'r nos;
> Ac Elis y Prydydd, mwyn ufudd, mewn awr,
> Mi 'rhoddaf i orwedd a'i lechwedd ar lawr.[39]

Yr argraffwr a gyflawnai'r bedwaredd swydd a oedd yn gysylltiedig â byd y faled. Dros y ffin yn Lloegr yr argraffwyd llawer o'r llyfrau ac ni fyddai gan gysodwr na pherchennog ormod o glem ynglŷn â gofynion y farchnad ac union natur y deunydd a oedd yn dod o'r wasg. Yr oedd pethau'n wahanol yn achos Siôn Rhydderch, a oedd yn weithgar yn hanner cyntaf y ganrif, a Dafydd Jones yn yr ail hanner. Yr oedd Siôn, a sefydlodd weithdy argraffu yn Amwythig, yn brydydd ac yn ŵr diwylliedig. Gallai gefnogi'r baledwyr a ddeuai ar ei ofyn naill ai trwy gynnig iddynt ei waith ei hun, neu trwy ddarparu cerddi a luniwyd gan brydyddion yr ail ganrif ar bymtheg. Yr oedd ganddo gasgliadau niferus o'u canu hwy mewn llawysgrifau a oedd yn ei feddiant. Byddai Siôn hefyd yn cynhyrchu almanac blynyddol. Yn rhinwedd ei waith fel awdur a chyhoeddwr almanaciau, meithrinodd berthynas dda â beirdd a gwerthwyr ym mhob cwr o Gymru. O ganlyniad gallai hefyd weithredu yn ddolen gyswllt rhwng y prydyddion a'r gwerthwyr llyfrau baledi.

Gŵr tebyg iddo oedd Dafydd Jones.[40] Yr oedd yntau yn brydydd; yn wir gallai ymfalchïo bod Siôn Dafydd Las, bardd swyddogol olaf teulu Nannau, yn ewythr iddo. Fel Siôn, cynullodd yntau doreth o ganu prydyddion yr ail ganrif ar bymtheg a'i ganrif ei hun a'u cofnodi'n ddestlus yn ei law. Yn y flwyddyn 1776, ac yntau erbyn hynny yn dair ar ddeg a thrigain, prynodd Dafydd Jones argraffwasg a rhwng y flwyddyn honno a blwyddyn ei farw yn 1785[41] rhoes gynnig ar ennill bywoliaeth fel argraffwr. Gosododd y wasg yn ei gartref yn Nhan-yr-yw yn Nhrefriw a mynd ati yn syth i ddysgu crefft yr argraffwr. Yr oedd gan Ddafydd Jones gynlluniau uchelgeisiol ar gyfer ei wasg fel y prawf y llyfr swmpus 200 tudalen o dan y teitl *Histori yr Iesu Sanctaidd*[42] a ymddangosodd o fewn y flwyddyn. Fodd bynnag, y mae lle i gredu i'r argraffwr sylweddoli bod cynhyrchu llyfrau fel hyn yn ormod o goflaid ac mai rheitiach fyddai iddo ganolbwyntio ar gyhoeddiadau symlach a byrrach.[43]

Y mae blynyddoedd gweithgarwch Dafydd Jones yr argraffwr yn cyd-fynd â chyfnod pur gynhyrchiol yng ngyrfa Elis Roberts. Llyfr baledi yn cynnwys dwy gerdd o waith y Cowper oedd un o gynhyrchion cynharaf y wasg.[44] Ymddangosodd pedwar llyfr baledi o'r wasg yn 1776 a lluosogodd y llyfrau baledi gyda threigl y blynyddoedd. Daeth chwe llyfr baledi o'r wasg yn 1777, saith yn 1778, naw yn 1779, wyth yn 1780 a chwech yn 1781.[45] Argraffodd Dafydd Jones 175 cerdd a gwaith Elis yw 108 o'r rheini. Ni ellir esbonio prysurdeb y wasg heb ystyried presenoldeb Elis Roberts gerllaw.

Rhyw filltir yn unig, fel yr hed y frân, oedd rhwng cartref yr argraffwr yn Nhrefriw a chartref y prydydd yn Llanddoged (ond byddai'r daith yn hwy am fod angen croesi Afon Conwy). Gallai'r baledwyr bellach fanteisio nid yn unig ar wasanaeth awdur parod ei gymwynas a allai weithio baled mewn dim o dro ar bob math o bynciau ond hefyd ar wasg argraffu gyfagos. Er mai Harri Owen oedd yr un amlycaf, gwyddom am saith gwerthwr a oedd yn gysylltiedig â'r llyfrau baledi a gynhyrchodd Dafydd Jones yn ystod ei bum mlynedd gyntaf fel argraffwr. Gall fod a wnelo awydd y gwerthwyr i gael gafael ar ddeunydd amrywiol â *repertoire* Elis yn ystod y blynyddoedd hyn. Er ei fod yn dal i lunio cerddi crefyddol, ymddengys fod ei destunau bellach yn llawer mwy amrywiol.

Dyma droi, felly, at faledi Cowper Llanddoged a chynnig peth goleuni ar gefndir a chyd-destun rhai o'r cerddi a welir rhwng cloriau'r gyfrol hon.

Newyddion

Y teitl a roddid fynychaf ar frig y llyfrau baledi oedd 'Dwy o Gerddi Newyddion' neu 'Tair o Gerddi Newyddion'. Y nod oedd denu'r prynwyr trwy bwysleisio bod y deunydd ar y tudalennau yn wreiddiol ac yn ffres. Argraffwyd rhai cerddi unigol ar fwy nag un achlysur mewn mwy nag un llyfr baledi, ond y mae'n syndod cyn lleied o ailadrodd sy'n digwydd mewn gwirionedd. Gallwn ni heddiw ddehongli'r teitlau hyn mewn ffordd wahanol, yn enwedig gyda golwg ar waith Elis Roberts, oherwydd 'newyddion' fel y deallwn ni'r gair yw'r deunydd sydd yn nifer mawr o'i gerddi. Elis yw newyddiadurwr y ganrif, heb unrhyw amheuaeth.[46] Mae ganddo fwy o faledi sy'n sôn am ddigwyddiadau cyffrous ac anghyffredin na'r un awdur arall. Y mae'n amlwg fod ganddo drwyn am stori. Yn wir, 'pe bai'n fyw heddiw, fe fyddai'n uchel ei fri a'i swydd ym myd y tabloids'.[47] Fel y gwelwyd, câi ei gyflwyno yn aml yn y llyfrau baledi fel Elis Roberts o Landdoged. Yr oedd yn barod iawn i arddel ei gyswllt â'r plwyf ond nid bardd ei filltir sgwâr ydoedd ef. Yn wir, prin iawn yw'r cyfeiriadau at Ddyffryn Conwy a'r cyffiniau yn ei waith. Roedd byd ei gerddi ef yn llawer ehangach na hynny. Yn hynny o beth, yr oedd yn wahanol iawn i Jonathan Hughes o Langollen. Y mae llawer iawn o'i faledi ef yn ymwneud â digwyddiadau ac â phobl ei ardal. Trwy gerddi Elis ar y llaw arall, clywai ei gyfoeswyr am yr hyn a ddigwyddai yma yng Nghymru, yn Lloegr, ar dir mawr Ewrob ac yng Ngogledd America. Caent glywed am yr hyn a ddigwyddodd ym Mhenmachno a'r Bala, yn Sir y Fflint ac yn Sir Forgannwg. Daeth llawer o'r hanesion o ochr arall Clawdd Offa, o Lundain ac o swyddi Caer, Caerloyw, Caerwrangon, Dyfnaint a Lincoln. Daeth storïau eraill o Iwerddon, o Ffrainc, o Bortiwgal ac o'r Eidal. Gyda golwg ar ddigwyddiadau gwleidyddol cyfoes, er i Elis lunio sawl cerdd am y Rhyfel Saith Mlynedd, a'r helyntion a'r gwrthdaro blin a brofodd y rhan fwyaf o wledydd Ewrob rhwng 1756 a 1763, cynigiodd Rhyfel Annibyniaeth America gyfleon di-rif i awdur fel ef a oedd yn effro i'r hyn a oedd yn digwydd o'i gwmpas. Mae ganddo ryw 30 o gerddi sy'n ymwneud naill ai yn uniongyrchol neu yn anuniongyrchol ag ymdrechion yr Americanwyr i hawlio eu rhyddid. Y mae deuparth y cerddi yn y detholiad hwn yn ymwneud â newyddion yn ystyr ehangaf y gair. Ceir yma gerddi am lofruddiaethau, am ddamweiniau, am drychinebau, am ryfeddodau ac am ryfeloedd a gwrthdaro ar y llwyfan ryngwladol.

Llofruddiaethau

Llofruddiaeth yw pwnc tair o'r cerddi yn y casgliad (cerddi 1–3). Mewn cerddi eraill gan yr un awdur, clywir am ŵr o'r enw John Davids a laddodd ei wraig a'i blant, am Wyddel a laddodd ferch ifanc yng Nghaernarfon ond a lwyddodd i gael ei draed yn rhydd am iddo lwgrwobrwyo rhai o'r tystion, am Siân Evans a oedd mewn gwasanaeth yn Llundain ond a laddwyd wrth iddi ddychwelyd i Gymru i ymweld â'i mam oedrannus, ac am ddau ddyn a dorrodd i mewn i dŷ a lladd y gŵr a'r wraig a'r gwas a'r forwyn a oedd yn byw yno. Prin fod yr un llofruddiaeth yn fwy ysgeler na'r un a ddigwyddodd yng Nghongat (Congleton) yn Swydd Gaer lle y trawodd gŵr nas enwir ar wraig a oedd yn gwerthu llyfrau baledi:

> Yng Nghongat trawe ar ddynes, yr hanes sydd fel hyn,
> Yn gwerthu cerddi Saesneg, cysondeg fodd di-syn;
> Daeth ati i brynu baled fel dyn diniwed iawn,
> Fe a'i dygai heb dalu amdani, diddaioni oedd ei ddawn.

Yn fuan wedyn, gwelodd y wraig y lleidr a cheisiodd ei gymell i dalu am y llyfr baledi. Aeth yn ffrwgwd rhwng y ddau; llusgodd y gŵr hi i ffwrdd i gornel dywyll a thrywanodd hi â'i gyllell. Torrodd ei chorff yn ddarnau, aeth â'r darnau i'w gartref a'u coginio. Y noson honno aeth â'r darnau i'r dafarn a'u cynnig i'w gydnabod, a phan ofynnwyd iddo beth a roesai iddynt, atebodd mai *porc ydoedd*. Barnwyd bod y gerdd hon yn rhy gignoeth i'w chynnwys yn y casgliad.[48]

Yn y dosbarth hwn o gerddi cawn wybod ble y digwyddodd y llofruddiaeth, pwy oedd y llofrudd a phwy a lofruddiwyd. Disgrifir y cyfan yn fanwl a diflewyn-ar-dafod. Cyfeirir at gymhellion y llofrudd ar dro ac esbonnir sut y daliwyd y gŵr neu'r wraig euog. Digwydd hynny trwy ryfedd wyrth yn fynych. Yn yr ail gerdd, daw ysbryd y gwas a'r baban a laddwyd gan y wraig fonheddig i'r llys i eiriol ar ran y forwyn a gyhuddwyd ar gam ac i ddangos pwy a gyflawnodd yr anfadwaith. Crogi'r troseddwr a gadael y corff i bydru mewn sibedau yw'r gosb arferol. Yr hyn sy'n rhoi undod i'r cerddi hyn yw dehongliad yr awdur mai gwrando ar lais Satan a arweiniodd at y weithred anfad, a'r rhybudd rheolaidd wrth gloi pob adroddiad yw *Gochelwch ... Rhag ofn i'r hen Satan ... Roi ynoch ... feddylie di-Dduw*.

Mewn dosbarth arall o gerddi, y troseddau a gyflawnwyd gan

ddrwgweithredwyr yw'r pwnc, a'r rheini eto yn arwain y troseddwr at y crocbren. Anffawd Michael Jaccar mewn un gerdd oedd ei gael ei hun yng nghwmni gwŷr ysgeler sy'n ei fradychu ond ei weithredoedd ei hun sy'n arwain William Hughes i drybini. Hwn oedd y gŵr a adwaenid wrth yr enw Wil Sir Fôn, llongwr o blwyf Llanfechell, a gyhuddwyd o dorri i mewn i siop ac i dŷ ym Meddgelert ar 24 Rhagfyr 1788, ac a gafwyd yn euog a'i ddedfrydu i'w grogi. Byddai'n rheitiach, medd Elis, iddo fod wedi mynychu'r eglwys a gwrando ar eiriau'r pregethwr: *Dim gwrando pregethe na lleisie gwellhad.* Ac eto, byddai'r troseddau y cyhuddwyd ef o'u cyflawni, a oedd yn cynnwys dwyn llyfr yn ôl y faled, yn ymddangos yn llawer llai difrifol erbyn heddiw.[49]

Damweiniau a thrychinebau

I'r dosbarth hwn y perthyn yr hanes am wraig o Iwerddon a fu farw o newyn wedi i'w chymdoges oludog wrthod ei chynorthwyo (cerdd 6) ynghyd â phedair baled sy'n ymwneud â boddi. Sglefrio ar yr iâ ar Afon Teifi a wnâi'r un plentyn ysgol ar ddeg pan dorrodd yr iâ a hwythau'n colli eu bywydau (cerdd 5) a'r un oedd tynged y saith ar hugain a oedd yn dychwelyd ar y cwch i Fewmares wedi iddynt fod yn ffair Bangor (cerdd 4). Neges y bardd yn y faled olaf yw na ŵyr neb pa bryd y daw'r diwedd, waeth beth eu cynlluniau a'u bwriadau. Hanes 706 o bobl plwyf Llanbadarn a fu farw, o'r frech wen efallai, yw testun baled arall.[50] Collodd llawer mwy eu bywydau pan suddodd y llong rhyfel y *Royal George* (cerdd 9) ac yn y drychineb naturiol o ganlyniad i'r daeargryn a'r *tsunami* a'i dilynodd yn Lisbon yn y flwyddyn 1755 (cerdd 10).

Y Royal George

Suddodd y *Royal George* yn Spithead gerllaw Portsmouth ar 29 Awst 1782.[51] Hon oedd y llong rhyfel fwyaf o'i bath yn y byd a'r un gyntaf a adeiladwyd a oedd yn fwy na dwy fil o dunelli; yr oedd yn cario dros gant o ynnau ar dri dec ac yr oedd ganddi griw o naw cant. Gellid cymharu'r digwyddiad â suddo'r *Titanic* yn 1912, achlysur sydd yn llawer mwy cyfarwydd i ni heddiw. Yr oedd colli'r llong, yn ôl sylwebwyr cyfoes, yn drychineb genedlaethol i'r Saeson: 'national misfortune, unparalleled in the maritime history of England'.[52]

Yr oedd y *Royal George* wedi hwylio i Spithead ac wedi angori yno; y bwriad oedd atgyweirio'r llong a derbyn cyflenwadau cyn hwylio ymlaen i Gibraltar. Symudwyd y gynnau a oedd ar un ochr y deciau i'r canol fel y byddai'r llong yn gwyro ac fel y gallai'r seiri cyrraedd rhannau a fyddai fel arfer yn y dŵr. Y mae'n bosibl fod hyrddiad nerthol a sydyn y gwynt wedi peri i'r llong wyro yn fwy na'r disgwyl. Dechreuodd y môr lifo trwy'r caeadau agored ar ystlys y llong, a rhwng hynny a phwysau ychwanegol y cyflenwadau a oedd yn cael eu llwytho, suddodd yn gyflym. Roedd cannoedd ar y llong ar y pryd: aelodau'r criw ynghyd â'u gwragedd a'u plant a ddaethai i ffarwelio â hwy cyn y fordaith i Gibraltar. Amcangyfrifir bod tua 1200 ar y llong a dim ond rhyw drichant a achubwyd. Mewn adroddiad a gyhoeddwyd yn 1782, pwysleisiwyd bod y llong wedi suddo a'r morwyr wedi colli eu bywydau nid mewn brwydr â'r gelyn ond pan oedd y llong yn ddiogel yn yr harbwr a phob un ar y bwrdd yn llawen a di-hid. Ailadroddwyd y safbwynt hwn yn y gerdd 'On the loss of the Royal George' a luniodd y bardd o Sais William Cooper (1731–1800) yn fuan wedi'r drychineb: *It was not in the battle – no tempest gave the shock, / She sprang no fatal leak, she ran upon no rock.*[53]

Yr oedd fersiwn print o faled Elis Roberts yn cylchredeg yng Nghymru o fewn rhai misoedd. Cafodd Elis ei ffeithiau o ffynhonnell ddibynadwy. Buasai'r llong, meddai, yn gwasanaethu'r brenin dros gyfnod o saith mlynedd ar hugain ac yr oedd yn ddigon agos i'w le; yn 1756 yr adeiladwyd y *Royal George.* Datgela fod mil ar y llong pan suddodd a bod trichant wedi eu hachub. Dywed fod yno hefyd drichant o ferched ond yn ôl Elis nid arbedwyd yr un ohonynt hwy. Pwysleisia yntau natur anffodus y drychineb a ddigwyddodd *nid ymhell mewn gyrfa ond yma yn ymyl cartra' / ... ym min ein tir.* Awgrymwyd ar y pryd fod rhyw gymaint o esgeulustod wedi bod ar ran swyddogion y *Royal George* ac o ran y morlys. Adroddwyd bod y llong mewn cyflwr truenus a bod llawer o'r pren bellach yn bwdr. Bu'r morlys yn hwyrfrydig i godi'r llong wedi iddi suddo ac efallai mai sicrhau na fyddai'r dystiolaeth yn dod i'r amlwg a oedd wrth wraidd eu penderfyniad. Cyfeiria Elis at yr honiadau hyn: *Rhai ddywed mai diofalwch, gwybyddwch, oedd ei boddi.* A gwyddai yntau fod y gwynt wedi chwarae ei ran: *Danfonodd [Duw] wynt ar donne mewn ychydig o funude.*

Byddai Elis Roberts yn dehongli pob anffawd trwy alw sylw at ragluniaeth a bwriadau Duw ar gyfer ei bobl. Pe dymunai wneud hynny, gallai Duw yn rhwydd fod wedi diogelu ac amddiffyn y *Royal George: Pedfase Duw'n ei gwylio ni allase'r môr mo'i thwtsio / Nac ei suddo hi yno'n siŵr.* Nid amddiffyn a wnaeth Duw ar yr achlysur hwn ond cosbi a hynny oherwydd pechod. Yn ôl Elis Roberts, puteiniaid oedd y merched a oedd ar fwrdd y llong a chosb Duw am bechod oedd suddo'r llestr: *Daeth help o law puteindra i suddo'r llestr yma.* Ni chrybwyllir y posibilrwydd hwnnw yn yr adroddiad cyfoes *A description of the Royal George; with the particulars relative to her sinking* (1782). Efallai mai dychymyg yr awdur ei hun a oedd ar waith yma wrth gynnig esboniad a oedd yn gyson â'i ddiwinyddiaeth ef. Boed a fo am hynny, y mae lle i gredu bod rhyw gymaint o wirionedd yn yr hyn a honna am bresenoldeb rhai o ferched y nos ar y llong.

Daeargryn Lisbon

Lisbon oedd pedwaredd ddinas fwyaf Ewrob yn y ddeunawfed ganrif ac roedd yn gartref i tua 275,000 o drigolion. Yr oedd hefyd ymhlith dinasoedd mwyaf blaenllaw a mwyaf goludog y gorllewin. Yr oedd ei chyfoeth yn seiliedig ar y fasnach mewn nwyddau megis aur a sbeisiau ac ar gaethweision, ac yr oedd y cyfan yn ei dro yn ganlyniad mordeithiau a darganfyddiadau'r bymthegfed ganrif a'r unfed ganrif ar bymtheg pan anturiodd morwyr Portiwgal i Dde America ac i Ganada, ac ar hyd arfordir gorllewinol a dwyreiniol Affrica. Yn 1498 arweiniodd Vasco de Gama fordaith i India, ac yn fuan wedyn byddai ei gyd-wladwyr yn cyrraedd Japan.

Trawodd y daeargryn ddinas Lisbon tua 9.30 o'r gloch ar fore Sadwrn y cyntaf o Dachwedd 1755. Dymchwelodd llawer o'r adeiladau yn dilyn cyfres o grynfeydd, yn gartrefi ac yn blasau, yn llyfrgelloedd ac yn amgueddfeydd. Syrthiodd y Tŷ Opera a oedd newydd ei gwblhau. Yr oedd tua deugain eglwys yn y ddinas; yr oedd eu hanner naill ai wedi dymchwel neu wedi eu difrodi yn helaeth. Lladdwyd cannoedd o ganlyniad i'r daeargryn: llawer ohonynt yn yr eglwysi mewn gwasanaethau i ddathlu Gŵyl yr Holl Eneidiau. Ceisiodd eraill ffoi i gyfeiriad Afon Tagus a'r porthladd ond fe'u boddwyd gan donnau'r *tsunami* a ddilynodd y daeargryn. Profwyd effeithiau'r *tsunami* ar hyd arfordir gogledd Affrica a chyn belled ag Ynys Madeira, Cernyw ac Iwerddon. Y trydydd aflwydd i daro'r ddinas oedd y tanau a fu ynghyn am ddyddiau, rhai wedi eu cynnau yn fwriadol gan ladron ac ysbeilwyr. Yn ôl yr amcangyfrifon ar y pryd, collodd tua 70 mil eu bywydau. Credir erbyn hyn mai tua 15 mil a laddwyd. Cytunir mai dyma'r drychineb naturiol fwyaf yng ngwledydd Ewrob yng nghwrs y ganrif.[54]

Cafodd y digwyddiad gryn sylw trwy wledydd Ewrob. Cyhoeddwyd adroddiadau gan lygad-dystion a bu trafod ac athronyddu dwys ar y daeargryn a'i arwyddocâd. Dechreuwyd ystyried yn wyddonol natur daeargrynfeydd a'u hachosion. Barnai llawer, fodd bynnag, fod y daeargryn yn rhan o gynllun Duw a'i fod yn tystio i lid y Goruchaf a'i awydd i gosbi dynion ar gyfrif eu pechodau. Yn Lloegr traddodwyd a chyhoeddwyd cannoedd o bregethau ar y pwnc. Un gwaith, er enghraifft, sy'n ymateb i'r digwyddiad yw *Serious thoughts occasioned by the late earthquake at Lisbon* John Wesley.[55]

Y mae'r daeargryn yn bwnc baled o waith y Cowper (cerdd 10) a sawl prydydd arall. Gwelir sawl cyfeiriad at yr hyn a ddigwyddodd mewn baledi crefyddol hefyd. Y mae Siôn Cadwaladr, mewn cerdd 'sydd yn adrodd amryw helyntion a fu yn y blynyddoedd y basiodd a phroffwydoliaeth awenyddiol am flynyddoedd sydd i ddyfod', yn annog pob un i nesáu at Dduw mewn gweddi ac yn dwyn i gof y modd y cosbodd ef y rhai a anufuddhaodd i'w orchmynion ac a ymroes i bechu. Dangosir bod daeargryn Lisbon yn un arwydd o lid dwyfol.[56] Y mae Huw Jones o Langwm yn yr un modd yn annog pobl Lloegr (darllener Prydain) i edifarhau ac yn eu hatgoffa mai diystyru rhybuddion Duw a arweiniodd at dynged drist trigolion y ddinas: *O achos anwiredd, rhyw oferedd rhy fawr, / Y syrthiodd gwŷr Lisbon mor lwyrion i lawr.*[57] Mewn cerddi fel y rhain, rhestrir dro ar ôl tro y rhai y bu iddynt brofi dialedd Duw. Sonnir am y ddwy ddinas, Sodom a Gomora, ac am Gora, Dathan ac Abirham a wrthryfelodd yn erbyn Moses, eneiniog Duw, ac a gosbwyd pan agorodd y ddaear a'u llyncu: 'A hwynt, a'r rhai oll a'r a oedd gyda hwynt, a ddisgynasant yn fyw i uffern; a'r ddaear a gaeodd arnynt'.[58]

Y mae gan Huw Jones faled am y daeargryn, ond yng ngherddi Elis Roberts a bardd cymharol ddi-nod o'r enw Gwilym ap Dewi y ceir y disgrifiad llawnaf.[59] Y mae ymadroddion fel 'rhybudd', 'pechod', 'camwedd', 'dialedd' yn amlwg yng ngherddi'r ddau awdur. Yn ôl Gwilym: *Roedd yma'n byw rai'n digio Duw fel cyn y dilyw du.* Ceid yn eu plith lofruddion, meddwon, cribddeilwyr a thyngwyr heb sôn am y rhai a oedd yn ymwneud â phuteindra. Cyfeiria'r prydydd at y daeargryn, at y llifeiriant ac at y fflamau a ddifrododd ardal dros chwe milltir o hyd. Saith munud, meddai, y parhaodd y daeargryn ond o fewn chwarter awr yr oedd miloedd wedi eu lladd. Clywsai am y difrod a ddigwyddodd i eglwysi, i ysgolion ac i fynachlogydd. O ystyried bod y Pabyddion yn ddieithriad yn cael eu gweld yn elynion i'w casáu a'u dilorni, y mae Gwilym yn bur ymataliol wrth ddisgrifio gweision yr eglwysi: *Pob priest mewn braw gerbron, pob ffreiar ffeind a'i ffon, / Yn Bapistied hy a'u delwe yn llu gâi eu taflu dan y don.* Y mae hefyd yn llawenhau bod y brenin wedi ei arbed, fel Lot pan ddifrodwyd Sodom a Gomora. Yr oedd wedi gadael y ddinas cyn y daeargryn, a barnai Gwilym fod ei ddihangfa yn brawf fod Duw o'i blaid:

Eu brenin aethe ar daith drwy nerthol wyrthie o waith,
Yr Arglwydd Dduw a'i cadwe yn fyw fel Lot o'r distryw maith.

Gwyddai Elis y Cowper, fel Gwilym, am union natur y drychineb. Cyfeiriodd at y daeargryn a'r dirgrynu dros saith munud *Ar ddydd Calan Gaea'*, a'r ddaear yn ymagor, y fflamau a'r llifeiriant. Awgryma fod 80 mil wedi eu lladd, yn unol â'r amcangyfrifon ar y pryd. Llwyddodd hefyd i gyfleu graddfa ac arswyd y digwyddiad:

Y ddaear gron a gryne a'u mân dai'n swrth a syrthie,
Fe sincie eu plase i'r dyfndere dwys;
Daeth arnynt fyd dychrynllyd diymynedd am saith munud,
Yn adfyd blinfyd, penyd pwys;
Daeth sŵn maith mwy na tharane a'r ddaear ymagore,
Daeth tân yn fflame o'i hollte hi.

Ond ffoi am ei fywyd a wnaeth y brenin ym maled Elis, a hynny *heb ddim amdano.* Ni chawsai gyfle i ymwisgo hyd yn oed y bore hwnnw. Rhybudd i bobl Prydain sy'n cloi cerddi Elis a Gwilym. Pwysleisir bod yr holl bechodau a oedd yn ffynnu yn Lisbon yn cael eu croesawu yma, ac nid hwyrach y bydd Duw yn dial yn yr un modd: *Pa bechod sydd yn unlle nad yw fo yn 'r ynys yma? / Wel ofnwn gleddau diau Duw.*

Rhyfeddodau

Dyma wythïen gyfoethog y manteisiodd y Cowper i'r eithaf arni ac sy'n tystio nid yn unig i'r blas anghyffredin a gâi'r gynulleidfa wrth glywed am bob math o ddigwyddiadau anarferol ond hefyd i natur hygoelus ac ofergoelus yr oes. Adroddir am ffenomenâu naturiol megis y dymestl a drawodd Benmachno yn 1781; am wraig o Sir Forgannwg a esgorodd ar wyth plentyn mewn pedair blynedd (rhoes enedigaeth ar dri achlysur;

cafodd dri phlentyn y tro cyntaf, tri yr ail dro ac efeilliaid wedi hynny); am wraig dlawd o Gaint a gafodd luniaeth iddi hi a'i phedwar plentyn drwy ddull rhyfeddol; am weledigaethau, ac am rai yn byw am flynyddoedd heb ymborth. Manylir yma ar dair baled sydd yn y detholiad: y gyntaf yn croniclo'r ymdrechion cynnar i hedfan mewn balŵn, yr ail yn rhyfeddu at lwyddiant y diwydiant copr ar Fynydd Parys ym Môn, a'r drydedd yn olrhain hanes Gaenor Hughes o Landderfel.

Y bôl ofer belŵn

Y mae'n amheus a welodd Elis na'r un o ddarllenwyr ei faledi yr un balŵn. Serch hynny, yr oedd wythdegau'r ganrif yn adeg hynod o gyffrous yn hanes yr ymdrechion cynnar i hedfan a byddai miloedd yn ymgynnull i wylio arddangosiadau a champau mentrus yr arloeswyr. Ar 7 Ionawr 1785 llwyddodd dau ŵr i hedfan dros y Culfor o Ddofr i Calais, taith a gymerodd ryw ddwyawr a hanner. Cyn diwedd y flwyddyn yr oedd baled yn cyfeirio at y digwyddiad yn cylchredeg yng Nghymru.

Yn Ffrainc y digwyddodd yr arbrofion cyntaf. Gwneuthurwyr papur oedd y brodyr Montgolfier. Llwyddodd y ddau i greu balŵn a gludodd ddafad, hwyaden a cheiliog am bellter o ryw ddwy filltir ym mis Medi 1783, a hynny yng ngŵydd y Brenin Louis XVI (ymddengys fod y ceiliog wedi ei anafu yn ystod y daith ond, os gellir rhoi coel ar y llygad-dystion, cic eger gan y ddafad a barodd y niwed). Ym mis Tachwedd y flwyddyn honno trefnwyd, gyda chydsyniad y brenin, fod dau ddyn yn cael hedfan mewn balŵn o wneuthuriad y brodyr. Awyr poeth a barai i'r balwnau hyn godi a hedfan ond yr oedd eraill yn arbrofi â balwnau hydrogen. Balŵn o'r fath a gludodd y dyfeisydd Nicolas-Louis Robert a'r gwyddonydd Jacques Charles ar daith o ryw ugain milltir ar 1 Rhagfyr 1783. Ymhen llai na blwyddyn llwyddodd Nicolas-Louis a'i frawd i greu balŵn a hedfanodd o Baris i Beuvry, pellter o dros gan milltir. Gŵr arall a ymddangosodd ar y llwyfan tua'r un adeg oedd Jean-Pierre François Blanchard. Ym mis Mawrth 1784 ac yn Champs de Mars ym Mharis, lle y saif Tŵr Eiffel erbyn hyn, y gwnaeth ef ei daith gyntaf mewn balŵn hydrogen ac ailadroddodd ei gamp yn Rouen a Bordeaux. Balŵn hydrogen a'i cludodd ef a John Jeffries o Ddofr i Calais yn Ionawr 1785, y daith gyntaf o'i bath.[60]

Cyfeiria Elis Roberts at yr arbrofion yn Ffrainc ac yn Sbaen ar ddechrau ei faled, ac er nad yw'n enwi neb diau ei fod yn sôn am awyrdaith Robert a Charles ar 1 Rhagfyr, taith ddwyawr dros bellter o ddeuddeng milltir yn ôl y faled Gymraeg. Awgryma'r awdur wedyn fod gorchest y ddau a hedfanodd o Ddofr i Calais yn amlygu rhagoriaeth Lloegr. Nid Saeson oedd y rhain, fodd bynnag, ond y Ffrancwr Blanchard a ddyfeisiodd y balŵn a'r Americanwr Jeffries a ariannodd y fenter ar yr amod ei fod yn cael hedfan gyda Blanchard. Ar ôl *deudyd eu pader* – cyffyrddiad hyfryd sy'n cyfleu'r antur enbyd a oedd o'u blaenau – gadawodd y ddau Ddofr a llwyddwyd i hedfan dros y môr a glanio yng nghoedwig Felmores ger Guînes, nid nepell o Calais, ryw ddeuddeng milltir i mewn i'r tir. Dywedir bod tyrfa fawr yno i'w croesawu a bod clychau'r eglwysi wedi eu canu a'r gynnau wedi eu tanio i anrhydeddu'r ddeuddyn ac i ddathlu'r gamp o groesi'r gainc beryglus o fôr rhwng Lloegr a Ffrainc. Y mae'n hysbys fod y Brenin Louis wedi anrhegu ei gyd-Ffrancwr Blanchard yn hael. Er nad oedd yn bresennol ar yr achlysur hwn, bu'n dyst i nifer o'r arddangosiadau cynnar ym Mharis. Nid yw Elis yn crybwyll y trafferthion a'r perygl a wynebwyd am fod llawer gormod o bwysau yn y cawell a gynhaliai'r ddeuddyn a'u bod wedi cael eu gorfodi i waredu cymaint ag y gallent, gan gynnwys y rhan fwyaf o'u dillad. Yr oedd y ddau yn eu dillad isaf erbyn iddynt gyrraedd Ffrainc.

Nodyn ysgafn sy'n cloi'r faled. Myn Elis na fydd angen seiri i adeiladu llongau maes o law os bydd hedfan yn disodli hwylio. Ni fydd angen gynnau ychwaith oblegid bydd modd i'r ffowliwr, yr heliwr, ddal adar yn ddidrafferth os gall hedfan cyfuwch â hwy. A gall y merched, hwythau, hedfan yn fuan ac yn ddilyffethair i'r dwyrain i gyrchu cyflenwad digonol o'u hoff ddiod, sef te.

Mwynwyr Mynydd Parys

Daeth y gân i'r merched a oedd yn gweithio ym Mynydd Parys yn adnabyddus yn y bedwaredd ganrif ar bymtheg a chafodd ail fywyd pan recordiwyd hi gan Heather Jones fel rhan o'i chasgliad 'Petalau yn y Gwynt' yn 1990.[61] Cyfraniad y merched oedd malu'r mŵn a disgrifir eu tasgau a'u hymarweddiad cwrtais a bonheddig ym mhenillion yr awdur dienw. Yn ôl tystiolaeth y chweched pennill, ni fyddent yn rhegi, yn yfed nac yn ysmygu neu'n cnoi tybaco:

> I'r cwrw ni rônt roesaw
> I'w blino wrth eu gwaith,
> Y snisin llwyd na'r bibell,

Na geiriau budron chwaith;
Maent oll yn garedigion,
Yn maethu hedd o hyd;
Dymunent lwydd i'w gilydd
Tra byddont yn y byd.[62]

Elis Roberts, fodd bynnag, oedd y cyntaf i gyfeirio at yr hyn a oedd yn digwydd ar Fynydd Parys mewn cân a luniwyd yn 1784 (cerdd 11). Mae ei faled yn perthyn i ddosbarth y cerddi moliant. Ni chrybwylla ef y merched ond cyfeiria yn llawn edmygedd at nifer o'r gwŷr a oedd yn gysylltiedig â'r diwydiant mwyngloddio. Mae'r faled ar yr un pryd yn mynegi rhyfeddod fod y fath gyfoeth yn cael ei gloddio a'i gludo i Amlwch i'w allforio.

Bu chwilio am gopr ar y mynydd er dyddiau'r Rhufeiniaid ond yn ail hanner y ddeunawfed ganrif y dechreuwyd cloddio o ddifrif. Cynyddodd y galw am y metel hwn pan ddechreuwyd gosod haenen gopr ar waelod llongau i amddiffyn y pren. Darganfod gwythïen gyfoethog yn 1768 – darganfyddiad a briodolir i ŵr o'r enw Rolant Puw – a arweiniodd at y cloddio ar raddfa helaeth ar Fynydd Parys yn negawdau olaf y ganrif.[63] Ym mhlwyf Amlwch y mae'r mynydd ac yr oedd y rhan fwyaf o'r tir yn perthyn i ddau deulu, teulu Plasnewydd a theulu Llys Dulas. I'r tirfeddianwyr y rhoddir y flaenoriaeth a hwy a enwir yn gyntaf yng ngherdd Elis:

Mae rhan perchennog i *earl* nodidog, brawd enwog marchog Môn,
Am Huws ac ynte, ŵr glân ei fodde, dwys eirie byth, bydd sôn.

Yn ystod oes Syr Nicholas Bayly (1709–82) o Blasnewydd y dechreuodd y diwydiant ddatblygu. Ei fab ef oedd Henry Bayly (mabwysiadodd y cyfenw Paget yn 1769) a ddyrchafwyd yn Iarll Uxbridge ar 19 Mai 1784. Ef yw'r *earl nodidog* a rhaid mai ar ôl ei anrhydeddu y lluniodd Elis ei faled.[64] Enwyd ei frawd yn Nicholas, fel ei dad o'i flaen, ond y tad yn unig a ddyrchafwyd yn farchog. Y Parchedig Edward Hughes, curad plwyf Trefdraeth, yw'r un *glân ei fodde*. Etifeddodd ei wraig, Mary, ystad Llys Dulas gan ei hewythr, ystad a oedd yn cynnwys tir ar gwr gorllewinol Mynydd Parys.

Williams fwynlan o Lanidan yw'r trydydd gŵr a enwir, Thomas

Williams, neu 'Twm Chwarae Teg' ar lafar gwlad. Bu ei gyfraniad ef i ddatblygiad y diwydiant yn gwbl allweddol ac y mae'r faled yn pwysleisio ei rôl flaenllaw: *Fe wnaeth reolaeth i'r gorchwyliaeth* ac *Am bob trefn burwych fe sy'n edrych*. Ef, mae'n amlwg, sydd wrth y llyw. Cyfreithiwr ydoedd wrth ei alwedigaeth ond bu'n cydweithio â'r ddau deulu a feddai hawl ar dir Mynydd Parys. Gweithredodd yn rheolwr ar ran teuluoedd Plasnewydd a Llys Dulas, daeth yn un o bartneriaid y 'Parys Mine Company' gydag Edward Hughes ac yr oedd ei fys hefyd yn y 'Mona Mine Company' a sefydlwyd gan deulu Plasnewydd. Erbyn 1787 yr oedd y ddau waith yn cynhyrchu 4,000 tunnell o gopr pur ac yr oedd tua 1,500 yn ymwneud â'r diwydiant, yn ddynion a merched a phlant. Ni fodlonodd Thomas Williams ar gynrychioli buddiannau'r ddau deulu. Cododd felin rolio yn Nhreffynnon yn 1780 a daeth melin arall ym Mryste i'w ddwylo yn 1788. Dechreuodd gynhyrchu bolltau copr am fod y bolltau haearn a ddefnyddid i asio'r platiau copr wrth waelod y llongau yn rhydu, ac ymhen dim o dro yr oedd yn cynhyrchu 40,000 o folltau yn wythnosol ac yn cyflenwi llynges Prydain, Ffrainc, Sbaen a'r Iseldiroedd. Erbyn troed y ganrif yr oedd yn rheoli hanner y diwydiant copr ym Mhrydain.[65]

Enwir nifer o wŷr eraill a oedd yn gysylltiedig â'r gweithgarwch cloddio a deisyfir eu ffyniant ond graddfa'r gweithgarwch a helaethrwydd y cyfoeth yr esgorwyd arno a greodd yr argraff fwyaf ar Elis Roberts.

Gaenor Hughes

Un a ddaeth i amlygrwydd ar gyfrif ei hymprydio oedd Mary Thomas o Langelynnin ger Y Bermo. Cyfoeswr iddi oedd Gaenor Hughes o Fydelith yn Llandderfel a fu farw yn 35 mlwydd oed a'i chladdu yn eglwys y plwyf ar 14 Mawrth 1780.[66] Bu ei hanes hi yn destun sawl baled: dwy gan Elis Roberts, ac un yr un gan Jonathan Hughes, Grace Roberts a John Rees. Cywydd a luniodd Ieuan ap Iago, y gŵr a luniodd gerdd farwnad i'r Cowper (cerdd 21).[67] Yn 1777 yr argraffwyd baled gyntaf Elis, a Gaenor erbyn hynny wedi bod yn ymprydio er tair blynedd. Fe'i dilynwyd gan ail faled yn 1779, bum mlynedd a dau fis er pan ddechreuwyd yr ympryd. Yn ôl yr englynion beddargraff a luniwyd (fe'u priodolir i Jonathan Hughes ac i John Rees), cyfnod ei hympryd ydoedd *Degsaith ... o fisoedd*, sef pum mlynedd a deg mis. Nid yw'r hyn a ddatgelir am natur ei hymborth yn gwbl gyson yn y cerddi hyn. Elfennau'r Cymun a oedd yn ei chynnal, yn ôl baled gyntaf y Cowper, ac *un briwsionyn o* fara, ond datgela yn ei ail gerdd ei bod yn derbyn *llwyed bach o ddŵr a ychydig siwgwr ynddo / A llai na hynny o ddiod fain a fydd i'r fun gain yn ginio.* Dywed Jonathan Hughes mai ei hymborth oedd *llymaid unwaith yn y dydd / O ddŵr glân gwael.* Mydryddir yr adnod 'Nid trwy fara yn unig y bydd byw dyn'[68] yn y tair cerdd hyn.

Gelwir sylw at dduwioldeb Gaenor a'i buchedd lân, a datgenir bod ei lle yn y nefoedd yn ddiogel. Ond gwir destun y rhyfeddod ydyw iddi fyw cyhyd heb ymborth, ac esbonnir mai gras a bendith Duw sy'n cyfrif am hyn. Yr un gair sy'n agor y ddwy faled o waith y Cowper: *Rhyfeddwn fawredd y Duw sanctedd* a *Rhyfeddwn allu Brenin ne'.* Yng ngolwg Elis Roberts a'i gyd-brydyddion, yr oedd byw heb ymborth dros fisoedd lawer yn brawf diamheuol fod Duw yn cynnal Gaenor ac yn ei hymgeleddu. Dylai hynny yn ei dro, meddent, annog pob un sy'n clywed yr hanes i ymagweddu yn yr un modd â'r ferch o Landderfel ac i ymddiried yng ngallu Duw.

Y mae baled Grace Roberts yn werthfawr am mai dyma'r unig ddarn o'i gwaith a ddiogelwyd. Hi yn unig o blith y rhai a ganodd i Gaenor sy'n tystio iddi fod yn ei chwmni.

Digwyddiadau cyfoes: Rhyfel Annibyniaeth America

Yr oedd llofnodi'r Datganiad Annibyniaeth ar 4 Gorffennaf 1776 yn goron ar gyfres o drafodaethau a gafwyd rhwng cynrychiolwyr tair talaith ar ddeg Gogledd America, a'r cyfan yn arwydd o'r anniddigrwydd a grewyd ynghylch y modd yr oedd Prydain yn eu llywodraethu a'u rheoli. Buasai'r anniddigrwydd yn cyniwair ers rhyw ddeng mlynedd yn dilyn cyfres o ddeddfau megis Deddf Stamp 1765 a oedd yn ymwneud â thollau a threthi. Ymosodwyd ar long ym mhorthladd Boston a oedd yn cario llwyth o de ym mis Rhagfyr 1773 a dirywiodd y berthynas rhwng Prydain ac America yn gyflym o hynny ymlaen. Buan y sylweddolodd Elis y Cowper fod y gwrthdaro rhwng Prydain a'r Taleithiau yn ddeunydd addawol. Yn wir, daeth y Rhyfel Annibyniaeth yn un o'i bynciau amlycaf, a chyfeirir ato weithiau yn benodol, dro arall wrth fynd heibio. Ni luniodd yr un awdur arall gynifer o faledi ar y pwnc.[69] Yr oedd y rhyfel hefyd yn un o'r pynciau a drafodwyd ganddo yn yr anterliwt *Y Ddau Gyfamod* a welodd olau dydd yn 1777.

Y mae un o'r baledi cyntaf a luniwyd yn weddol ysgafn ei chywair (cerdd 13). Yn hon gresynir bod tybaco yn mynd yn brinnach a'i bris yn codi, a hynny o ganlyniad i'r *cynnwr'* yn America. Daeth tyfu tybaco i'w allforio yn rhan allweddol o weithgarwch amaethwyr Virginia, y dalaith gyntaf o dan reolaeth Prydain, ac yr oedd y diwydiant yn dibynnu'n drwm, fel y gwyddys, ar gaethweision. Ymateb Lewis Morris, pan glywodd fod Goronwy Owen yn ymfudo, oedd: 'Daccw Ronwy fardd yn mynd i Virginia i ganu i'r Indiaid ag i fwytta dobacco'.[70] Y mae'r pwyslais yn y faled hon, fodd bynnag, ar y rhai yng Nghymru sydd bellach wedi eu hamddifadu o'r tybaco. Y mae hi'n ddrwg rhwng y gŵr a'i wraig, y naill a'r llall yn flin ac yn gecrus, ac mae'r *henwraig gryno* hithau *a fydde yn gardio gynt* bellach *wedi fecsio a llamhurtio*. Arferion ac ymddygiad aelodau'r gymdeithas yng Nghymru sydd dan sylw yma yn hytrach na'r rhyfel ei hun er mai'r rhyfel yw'r ysgogiad cychwynnol. Nid oes yma ymgais i olrhain yr anghydfod nac i ddangos ochr.

Mewn baled gynnar arall gan yr un awdur, beirniedir yr Americanwyr sy'n codi mewn gwrthryfel yn erbyn y brenin a'i lywodraeth:

> Mae hyn yn fyd trablin fod America erwin
> Yn erbyn ein brenin mewn brad,
> Yn lladd ac yn llosgi drwy frys a difrodi,
> Yn peri mawr g'ledi yn ein gwlad.[71]

Dyma'r math o ymateb a ddisgwylid. Yn ystod y Rhyfel Saith Mlynedd, rhwng 1756 a 1763, llais ufudd a theyrngar a glywid yn y baledi Cymraeg. Byddai'r awduron yn ddi-ffael yn gorfoleddu wrth adrodd am lwyddiannau'r fyddin ar faes y gad a phrin fyddai'r cydymdeimlad â'r gelyn. Mawrygid y cadfridogion a'r llyngesyddion a cheryddid unrhyw aflwyddiant neu unrhyw arwydd o annheyrngarwch neu ddiffyg gwrhydri. Nid amheuid doethineb y brenin a'i seneddwyr ar unrhyw gyfrif. Yr hyn sy'n arwyddocaol gyda golwg ar y baledi a luniwyd yn ystod Rhyfel Annibyniaeth America ar y llaw arall yw eu bod yn amlygu awydd i drafod ac i ddeall achosion y gwrthdaro. Diau fod a wnelo hynny yn rhannol â'r ymdeimlad fod y rhyfel ar lawer ystyr yn rhyfel cartref, rhwng Hen Loegr a Lloegr Newydd. Nid yw'r darlun a gynigir yn un unochrog oblegid cawn glywed safbwyntiau'r ddwy blaid. Nid yw'r darlun yn un arwynebol ychwaith oblegid daw i'r amlwg fod sawl gwedd ar y gwrthdaro a chaiff Elis Roberts gyfle i ystyried y rheini mewn dilyniant dadlennol o gerddi.

Lluniwyd cerdd 12 ar batrwm ymddiddan rhwng y ddwy wlad, ac y mae'n bosibl ei bod wedi ei llunio rhwng dechrau'r helyntion yn 1765 a llofnodi'r Datganiad Annibyniaeth yn 1776. Neilltuir yr un nifer o gwpledi yn union ar gyfer y naill lefarydd a'r llall. Y mae'r cynllun yn ei hanfod, felly, yn creu cydbwysedd ac yn rhoi cyfle i gyflwyno dau lais a dwy ochr y ddadl. Dadl America yw bod ei thrigolion wedi teithio i'r wlad newydd gan ddisgwyl cael ei meddiannu, eu bod wedi arloesi'r tir trwy fawr ymdrech a chaledi, ac wedi wynebu bygythiad a pheryglon o du'r Indiaid, *Rhain oedd yn gas greulon, daer ddynion di-Dduw.* Buont yn deyrngar i Loegr a bu iddynt allforio eu cynnyrch yn ufudd i'r hen wlad. Maentumia Lloegr ar y llaw arall fod yr Americanwyr yn anufudd ac yn gwrthod ymostwng i'w hawdurdod, a'u bod hefyd yn gwrthryfela yn erbyn y brenin ac yn ymosod ar ei filwyr. Anfonodd Lloegr lu i amddiffyn yr Americanwyr rhag yr Indiaid ac y mae'n briodol, meddir, iddynt hwythau yn eu tro dalu trethi a chyfrannu at dreuliau cynnal y milwyr sy'n eu hamddiffyn a'u diogelu. Daw hynny â ni at graidd y ddadl. Myn yr Americanwyr mai senedd Lloegr a luniodd y deddfau ac a bennodd y trethi a oedd i'w codi. Nid oedd cynrychiolaeth o America yn y *dadleudy* ac nid oedd iddynt lais yn y trafodaethau a'r penderfyniadau:

Pe cawsen ni yrru o America i fyny
Ddau ŵr i'r dadleudy i'n barnu ni'n bur,
Nyninne safasen i'r hyn orchmynasen',
I ryfel nid aethen ... .

Yr un yw barn awdur anhysbys y traethawd byr sy'n trafod dechreuadau'r rhyfel ac sy'n bur llawdrwm ar bolisïau'r llywodraeth. Daeth y llyfr a oedd 'Wedi ei gyfiaethu o'r Saesnaeg er budd i'r Cymru' o wasg Dafydd Jones yn 1776,[72] y gŵr a argraffodd nifer o'r llyfrau baledi a oedd yn cynnwys cerddi Elis:

> ... mi a gymmeris y golygiadau mwyaf manwl ar fy rhesymmau, mi ail-ymofynais fy holl Awdurdodau ... ond fy ngwaith yn chwilio, am harguhoeddodd fwy fwy, nad oes gan y Parlament Brutanaidd, unrhyw hawl drethu'r Americiaid.[73]

Ym mhennill olaf y gerdd, cytunir mai rheitiach ceisio heddwch rhwng y ddwy wlad sy'n rhannu'r un grefydd a'r un gwaedoliaeth. Yr Indiaid yn unig sy'n elwa yn sgil y gynnen a chytuna Lloegr y byddai cael lladd pobl eraill yn llawer mwy difyr na lladd eu cyd-frodyr.

Ffynonellau

Anodd gwybod o ble a sut y byddai Elis y Cowper yn cael gafael ar y deunydd ar gyfer y baledi o'i eiddo a oedd yn seiliedig ar ddigwyddiadau cyffrous a chyfoes. Gall manylder y cofnodi amrywio o gerdd i gerdd. Adroddir mewn un gerdd mai Robert Gruffudd o Landrillo a lofruddiodd ei wraig ddienw (cerdd 1) ac mai William Brown o Gaerloyw a ymosododd ar y ddwy foneddiges, Miss Jones a Miss Goff, ar achlysur arall (cerdd 3). Ar y llaw arall, lleoliad y drosedd yn unig a nodir wrth adrodd am y wraig fonheddig a laddodd ei phlentyn a'i gwas (cerdd 2), a'r unig wybodaeth a ddatgelir am y wraig a fu farw o newyn (cerdd 6) oedd mai yn Iwerddon yr oedd yn byw. Datgelir bod deuddeg wedi boddi yn Afon Teifi (cerdd 5) ond ni chawn wybod ym mha ran o'r afon y digwyddodd y ddamwain. A ydyw'n ddichonadwy mai deunydd a dderbyniodd yr awdur ar lafar, yn ail law megis, yw sylfaen y cerddi hynny sy'n llai manwl tra bod y cerddi sy'n cynnwys mwy o ffeithiau – enwau, dyddiadau, ystadegau – yn seiliedig ar ffynonellau ysgrifenedig a mwy dibynadwy? Gallai'r ffynonellau hynny fod yn gofnodion yn y papurau newydd megis y *Chester Chronicle*, yn adroddiadau print am ddigwyddiadau neu yn ymateb iddynt, neu yn faledi Saesneg coll. Rhaid cofio hefyd fod Elis yn rhinwedd ei grefft yn teithio o le i le, ac y byddai'n barod i roi clust i bob un a chanddo stori neu chwedl ddifyr i'w hadrodd. Diau mai ar daith i Sir Fôn y dysgodd am yr unigolion a oedd yn gysylltiedig â'r diwydiant mwyngloddio ar Fynydd Parys ym mhlwyf Amlwch ac a enwir yn y faled a luniodd wedi hynny (cerdd 11). Ar y llaw arall, rhaid ystyried y posibilrwydd fod yr awdur yn ffugio rhai o'r cerddi 'gwreiddiol' gan roi'r argraff i'w gynulleidfa ei fod yn adrodd hanesion dilys am ddigwyddiadau go iawn.[74]

Ar ddyrnaid o achlysuron yn unig y datgela'r awdur ffynhonnell ei ddeunydd. Cawn wybod bod ei faled am weledigaeth a marwolaeth Mr Richard Brightly yn seiliedig ar adroddiad mewn llyfr Cymraeg a bod hwnnw yn ei dro wedi ei gyfieithu o'r Saesneg: '… ymadrodd a gyfieithwyd o'r Saesonaeg i'r Gymraeg, gan Mr E. Elis, gweinidog Eglwys Rhos a Llandudno, a'r gerdd o waith Elis Roberts Cowper'.[75] Bu gwaith Ellis (ab) Ellis, *Cofiadur prydlon Lloegr; neu rhybuddion o'r nefoedd, i bechaduriaid gwaelion ar y ddaiar*, yn hynod o boblogaidd ac fe'i hargraffwyd ar bum achlysur rhwng 1715 a 1798.[76] Y mae lle i gredu mai argraffiad 1761 o wasg Stafford Prys yn Amwythig a welodd Elis Roberts.[77] Deunydd print yn y Gymraeg yw ffynhonnell y faled am weledigaeth a thröedigaeth Samuel Whilby o Churchingford yn Nyfnaint drachefn. Argraffwyd y gwaith rhyddiaith *Rhybydd i bechaduriad neu hanes rhyfeddol am un Samuel Whilby* ar fwy nag un achlysur ac yr oedd y testun hwn yn cylchredeg erbyn tua 1757,[78] o fewn blwyddyn, felly, i'r digwyddiad o dan sylw. Byddai William Davies, gwerthwr yr argraffiad cyntaf, yn gwerthu llyfrau baledi yn achlysurol, ac yr oedd un o'i lyfrau yn cynnwys gwaith y Cowper.[79] Ar ddiwedd ei faled am y weledigaeth, hysbysa Elis Roberts, fel y gwneir yn y testun rhyddiaith, fod wardeiniaid yr eglwys wedi cymell rhyw brydydd o Sais i fydryddu'r hanes er rhybudd i bob un:

> Wel dyma beth o'r hanes a droed ar gynnes gân,
> A yrrwyd yn rhybuddion i fowrion ac i fân,
> Drwy ordors y wardeinied fe'i bwried hyn i ben:
> Un William Bar, ŵr llariedd, a'r croywedd Joseph Cren.[80]

Nodir ymhellach mai 'Elis Roberts a'i troes ar gân' ond heb grybwyll bodolaeth testun rhyddiaith Cymraeg. Ailadroddir y cofnod 'Elis Roberts a'i troes ar gân' ar ddiwedd baled sy'n adrodd am droseddau gŵr o'r enw John Jones a grogwyd yn Y Fflint ar 15 Medi 1756.[81] Gwelir ambell briodoliad tebyg wrth waith awduron eraill. Nodir, er enghraifft, wrth un o faledi Huw Jones o Langwm: 'a droed o Saesoneg i gymraeg er rhybydd ir cymru.'[82]

Baledi crefyddol

Wrth lunio'r detholiad hwn, dewiswyd canolbwyntio ar faledi sy'n ymwneud yn fwyaf arbennig â digwyddiadau cyffrous ac anghyffredin. Ond yr oedd cerddi duwiol a didactig eu cywair yn lluosog y tu hwnt ac yr oedd galw cyson amdanynt. Dyma un o bynciau pwysicaf Elis y Cowper a buddiol, felly, fyddai cynnig amlinelliad o'r math o faledi a luniwyd ganddo. Fel ei gyd-brydyddion, byddai'n annog ei gynulleidfa i fyw yn fucheddol, yn ei rhybuddio fod angau yn dod i bawb yn ddiwahân a bod angen ymbaratoi mewn da bryd. Cyfeirir dro ar ôl tro at ystyriaethau am ddiwedd oes a'r byd nesaf mewn baledi megis 'Cerdd sydd yn dangos mor berygl yw i ddynion farw heb wir edifeirwch o blegid fod yr amser yn ansicr'[83] a 'Cerdd myfyrdod ar awr angau a barn a phoenau uffern'.[84] Y neges seml a ailadroddir yn gyson yw bod gwobr i'r rhai a fu'n dilyn bywyd da ond cosb sy'n disgwyl y sawl a fu'n gwrando ar lais Satan.

Yr oedd yr awdur yn dra hyddysg yn ei Feibl. Daw hynny i'r amlwg mewn baledi ar bob math o bynciau. Wrth ganu i'r milisia, er enghraifft, 'ac i ddeisyf arnynt ofni Duw a galw arno mewn gwirionedd yn yr amser peryglus yma', cais Elis eu hargyhoeddi *Lle byddon nhw'n ffyddlon / Yn cofio Duw cyfion / Ni ddaw dim gelynion, rai tostion, i'w taith*. Rhestrir y rhai a roes eu hymddiriedaeth yn Nuw ac a fendithiwyd, ac yn eu plith Moses, Josiwa, Jonathan, y Brenin Dafydd, Elias, Judeth, y Midaniaid a Samson.[85] Y mae sawl baled yn seiliedig ar adnodau penodol yn y Beibl; yr adnod 'A byddwch wneuthurwyr y gair, ac nid gwrandawyr yn unig, gan eich twyllo eich hunain' yw man cychwyn un faled o'i waith.[86] Un peth sy'n amlygu difrifoldeb y prydyddion yw'r arfer o restru ar ochr y ddalen ffynhonnell yr adnodau y seiliwyd rhai o linellau'r baledi atynt. Y mae un pennill yn y gerdd 'Pob corff ac enaid, dowch i ystyried' yn dechrau â'r cwpled *Gwae chwi ragrithwyr sy'n dynabod / Gwir waith hynod fôr a thir*, a nodir ar ochr y ddalen mai Mathew 23.15 yw tarddiad y geiriau hyn, sef yr adnod 'Gwae chwi, ysgrifenyddion a Phariseaid, ragrithwyr! Canys amgylchu yr ydych y môr a'r tir, i wneuthur un proselyt'.[87] Pe bai'r darllenydd yn gwirio'r holl gyfeiriadau hyn, fodd bynnag, buan y gwelai nad oedd pob un yn ddilys; yr oedd yr awduron ar dro yn euog o daflu llwch i lygaid darllenwyr hygoelus y llyfrau baledi.

Dro arall mydryddir rhai o storïau adnabyddus yr Ysgrythurau, megis Lasarus a'r Gŵr Goludog[88] neu Ddameg y Mab Afradlon.[89] Gallai'r canu poblogaidd ar dro adleisio ffrwd ryngwladol gyfoethog o syniadau. Lluniwyd gweithiau di-rif dros ganrifoedd lawer yn seiliedig ar ymddiddanion rhwng yr enaid a'r corff. Lluniodd Iolo Goch yn y bedwaredd ganrif ar ddeg gywydd ar y thema[90] ac y mae un o'r testunau dramatig cynharaf yn y Gymraeg yn tynnu ar yr un deunydd. Gwelir baled gan y Cowper sydd yn llinach y gweithiau hyn.[91] Y mae'n bosibl hefyd mai ei waith ef yw'r gyfres o englynion dienw i'r Pedwar Peth Diwethaf, sef Angau, Barn, Nef ac Uffern, mewn llyfr baledi sy'n cynnwys ei waith.[92] Trafodwyd y pwnc yn y Gymraeg yng ngwaith John Morgan, Matching, *Myfyrdodau bucheddol ar y pedwar peth diwethaf*, llyfr a welodd olau dydd yn 1714 ac y cafwyd deg argraffiad ohono erbyn canol y ddeunawfed ganrif.[93]

Yr oedd Elis yn canu ar adeg pan oedd undod yr eglwys yn cael ei bygwth gan yr ymwahanyddion, a chan y Methodistiaid yn fwyaf arbennig. Y mae'n cyfarch Twm o'r Nant yn un o'i faledi ac yn holi 'pa achos fod cymaint llygredd a dallineb yn Eglwys Loegr'.[94] Serch hynny, nid yw cyflwr yr eglwys yn bwnc sy'n hawlio lle blaenllaw yn ei faledi ac yn wahanol i Huw Jones o Langwm sy'n dymuno *Duw, cadw Eglwys Loeger / I ddilyn gwir gyfiawnder a phurder efo ei phen* [y pen = y brenin], nid yw'n cloi ei ddwy garol blygain yn y flodeugerdd *Dewisol Ganiadau* â gair o weddi deyrngar.[95] Ac nid ymddengys iddo gael ei gymell i fwrw ei lid ar y Methodistiaid fel y gwnaeth Siôn Cadwaladr yn un o'i faledi ef lle y mae'n dilorni'r *sect newydd a ymgludodd dros y gwledydd, / A'i nadau hyll annedwydd, ynfydrwydd drwg anfedrus.*[96]

Y mae neges grefyddol glir mewn sawl cerdd yn y casgliad hwn oblegid bydd Elis dro ar ôl tro yn gosod digwyddiadau cyfoes ac yn eu hesbonio mewn cyd-destun diwinyddol. Cefnu ar Dduw a gwrando ar lais Satan a wnaeth Robert Gruffudd wrth lofruddio ei wraig (cerdd 1), a bai William Brown, llofrudd arall, oedd *dilin llwybre'r gelyn* (cerdd 3). Rhagluniaeth Duw ar y llaw arall sy'n achub bywyd y forwyn a gyhuddwyd ar gam o lofruddio'r baban (cerdd 2). Y mae Duw yn gwylio, yn gofalu ac yn amddiffyn. Iddo ef yr oedd y diolch am gynnal Gaenor Hughes a fu'n byw am bum mlynedd heb ymborth (cerdd 7), ac er bod nifer wedi colli eu bywyd pan suddodd y cwch a oedd yn eu cludo dros y Fenai o Fangor i Fewmares (cerdd 4), y neges gysurlon a gynigir yw: *Os bydd Duw gyda chwi ar eich taith ... Nid rhaid ichwi ofni un angau yn siŵr.* Trwy gymorth y Goruchaf y llwyddwyd i hedfan yn llwyddiannus mewn balŵn dros y Culfor o Ddofr i Calais (cerdd 8): *Fe allase Duw'r lluoedd eu dymchwel i'r moroedd.* Cosb Duw am bechod oedd y daeargryn a drawodd ddinas Lisbon (cerdd 10) a ffordd Duw o gosbi pechaduriaid a phuteiniaid oedd suddo'r llong rhyfel y *Royal George* (cerdd 9): *Pedfase Duw'n ei gwylio ni allase'r môr mo'i thwtsio.* Y mae'r syniad o ragluniaeth ac arfaeth a hollalluogrwydd Duw yn thema gyson. Fel hyn y byddai'r holl awduron yn dehongli digwyddiadau cyfoes ac nid yw ymateb Elis Roberts yn wahanol.

Elis Roberts a'i gyd-brydyddion

Byddai'r prydyddion yn taro ar ei gilydd yn fynych, weithiau ar hap a damwain, dro arall yn yr eisteddfodau tafarn a gynhelid yng nghwrs y ganrif. Byddent yn cyfarch ei gilydd mewn englyn a chywydd, ac yn herio ac yn ysgogi ei gilydd. Cyfarfu Huw ap Siôn [Huw Jones o Langwm], Elis ap Robert [Elis y Cowper] a Thomas ab Iorwerth [Thomas Edwards, Twm o'r Nant] yn Llansannan ar 29 Medi 1769 a bu'r tri wrthi yn ddiwyd yn gweithio englynion i'r seren gynffonnog, i'r delyn, i'r cynhaeaf gwlyb, i Lansannan ac i Henllan.[97] Dyma gynnig y Cowper ar ganu i'r seren gynffonnog:

> Cynffonwen seren ansiriol—sydyn,
> Arswydus i bobol;
> Yn bigog mae'n debygol,
> Rhydd arwydd hyll ar ei hôl.

O bryd i'w gilydd, byddai baled o waith un prydydd yn arwain at ymateb, a byddai hynny yn ei dro yn atgyfnerthu treigl caseg eira byd y faled. Gellid enghreifftio hyn trwy gyfeirio at gerddi a luniodd Elis Roberts i ateb baledi o waith John Richards, Bryniog, a Thwm o'r Nant.

Yn un o'i gerddi ef, cynghorodd John Richards y llanciau i briodi gwraig oedrannus – *Myn un wrthun fel dy nain* – yn hytrach na rhoi eu bryd ar ferch ifanc. Efallai na fydd y wraig hŷn yn meddu ar yr harddwch sy'n perthyn i feinwen iau ond bydd ganddi arian, a daw'r rheini yn eu tro i'w gŵr:

> Fe fydd honno farw ar fyr,
> Cei dithe yno arian
> A'i holl goweth, heleth hynt,
> I gymryd helynt wiwlan,
> A byw fel marchog serchog sir,
> Gwin a chwrw gloyw clir,
> A charu'r feinir fwyna.'[98]

Ymatebod Elis trwy gynnig cyngor cyferbyniol: 'Cerdd i ateb John Richard sef canmol priodi merch ifanc ac i ochelyd priodi hen wrach.'[99] Ar achlysur arall, gofynnodd Elis i'w gyd-brydydd am gyngor: 'fel y mae dyn drwy ddull edifeirwch yn gofyn cyngor i'w gyfaill pa fodd y mae cael bywyd tragywyddol':

Fy hen gyfaill ffyddlon, John Richard fwyn galon,
Hyd atat rwy'n danfon, was union, heb sen;
Dydi sy ddyn sobor, yn ddrych i'r holl fordor,
Rwy'n deisyf dy gyngor rhag angen …
Dysg imi ffordd gywir i drechu fy natur
Yn eglur drwy synnwyr cysonwaith.[100]

Yn ei ateb, awgryma John Richards fod Elis wedi camddefnyddio'r doniau a roddwyd iddo trwy ganu baledi masweddus:

Di droist at dy feia fel ci at ei chwydfa
Neu hwch i'w gorweddfa, oer dynfa i'r dom;
Rhoist siamplau drygionus i'r byd anwybodus
I bechu'n arswydus fel Sodom …
Camiwsiaist dy ddoniau, camdreuliaist dy ddyddiau
I borthi dy chwantau mewn drygau mor drwch;
Pa fodd yr atebi pan ddelo dydd cyfri'?
Ymguddio nid elli mewn t'wyllwch.

Un tro, aeth wagen dros droed Twm o'r Nant ond trwy ryw ryfedd wyrth ni thorrwyd yr un o'i esgyrn. Cafodd y digwyddiad gryn effaith ar Fardd y Nant ac ymhen blynyddoedd byddai'n dwyn i gof yn ei hunangofiant 'pan aeth y Wagen ar fy nhraws wrth bont Rhuddlan, lle cefais brofedigaeth fawr, a gwaredigaeth fwy'.[101] Cofiai hefyd iddo glywed llais yn dweud wrtho, 'Dos, ac na phecha mwyach, rhag digwydd iti beth a fo gwaeth'.[102] Lluniodd faled yn dilyn y digwyddiad; ynddi y mae'n diolch i Dduw am ei achub ac y mae'n cloi â'r dymuniad *dysg fi'n ddiwyd / Yn ffordd y bywyd.*[103] Dilynir baled Twm yn y llyfr baledi gan ymateb Elis Roberts: 'Dymuniad Elis Roberts Cwper ar ei annwyl gyfaill naturiol Thomas Edwards wneud ei orau ar gyflawni'r hyn a addawodd yn y gerdd aeth drosodd':

Derbyniaist ddawn, y llawn ddyn lluniedd,
Adlais odle, geirie gwaredd,
Yn bur wybodaeth helaeth hylwydd,
Lywydd eurglod, o law'r Arglwydd,
Ond gwylia guddio'r dalent howddgar

A'i rhoi hi i dduo ym mhridd y ddaear,
A gwylia di ei chamiwsio hi
A bod fel fi yn dy fywyd
Dan bob gwasgfa, odfa adfyd.

Lluniodd Jac Glan-y-gors un faled i Elis, i'w gymodi â rhyw brydydd o'r enw Wiliam. Nid oes llawer o oleuni yn ei gerdd am yr anghydfod a'i darddiad, ond yn y llyfr baledi dilynir caniad Jac gan ateb Elis 'I annerch y prif-fardd awenyddol a gyfenwir Siôn ap Siôn o Lan-y-gors o blwyf Cerrigydrudion' ac i ddiolch iddo am ei gynghorion.[104] Argraffwyd y llyfr hwn yn 1797. Yr oedd Elis y Cowper wedi marw wyth mlynedd ynghynt a rhaid fod Jac wedi ceisio tawelu'r dyfroedd cyn iddo fynd i Lundain a chyn iddo ymenwogi ar gyfrif ei gyfres o gerddi i Ddic Siôn Dafydd. Sut tybed y byddai Elis y Cowper wedi ymateb i sylwadau Jac am haeddiant tywysogion ac esgobion yn ei ddau waith rhyddiaith, *Seren tan Gwmwl* a *Toriad y Dydd* a ysbrydolwyd gan y Chwyldro yn Ffrainc yn 1789?[105]

Diogelwyd dyrnaid o gerddi sy'n cyfarch Elis y Cowper. John Williams 'Ioan Rhagfyr',[106] gwneuthurwr hetiau wrth ei grefft a'i alwedigaeth, a luniodd yr unig gywydd sydd ar glawr.[107] Gwelir un gerdd o'i waith mewn llyfr baledi wrth enw 'John Williams. Yr Hettiwr o Ddolgellau', ac mewn nodyn sy'n dilyn hysbysebir ei wasanaeth: 'Rhybydd. Fod John Williams, yr Hettiwr, (y gwr Enwedig Uchod) yn gwneud, ag yn Gwerthu pôb mâth o hettiau am Brŷs gweddaidd ...'[108] Ar ôl canmol doniau Elis, y bardd hŷn, a chwyno ar gyfrif ei ddiffygion a'i anfanteision ef ei hun, â John Williams rhagddo i fawrygu'r awen a dathlu ei pharhad dros y canrifoedd. Enwir rhai o'r Cywyddwyr amlwg – Dafydd ap Gwilym, Dafydd Nanmor, Tudur Aled, Lewys Morgannwg a Siôn Tudur – cyn rhestru rhai o'n beirdd cynharaf: Aneirin a Thaliesin, Myrddin, Adda Fras a Llywarch Hen. Cynnil yw John Williams wrth sôn am ganu Elis a natur ei destunau, ond y mae'n amlwg yn ei osod yn llinach beirdd mawr yr oesoedd. Y mae Elis, yng ngolwg y bardd hwn, megis *Gem aur gwych i'r Gymraeg iaith*. Ni ddylid dehongli sylwadau John Williams yn llythrennol er mor chwithig yn ein golwg ni yw gweld cyfosod Elis y Cowper a Dafydd ap Gwilym. Yn y cywair canmoliaethus hwn y byddai'r prydyddion fel arfer yn cyfarch ei gilydd. Yr hyn sy'n arwyddocaol yw bod awduron y baledi yn dra chyfarwydd â hanes y traddodiad barddol Cymraeg.

Elis Roberts a Goronwy Owen

Anodd ymdrin â gwaith Elis Roberts heb grybwyll Goronwy Owen a'r un achlysur anhapus pan groesodd llwybrau'r ddau. Goronwy sy'n adrodd yr hanes, a hynny mewn llythyr a anfonodd at William Morris yn 1754. Dywed ei fod ef ac Elis wedi cwrdd yn Llanrwst a bod y ddau wedi dechrau llunio penillion yn fyrfyfyr. Cythruddwyd Elis am fod Goronwy yn cael y gorau arno ac yr oedd yn benderfynol o'i 'laenio' a'i roi yn ei le. Yn ffodus i Oronwy, ymddengys fod ei gydymaith, clochydd Caernarfon, yn ŵr mwy cydnerth na'r Cowper a chafwyd dihangfa.[109] Hysbysir William Morris fod hyn wedi digwydd bedair blynedd ar ddeg ynghynt: tua 1740, felly, pan oedd Goronwy tua dwy ar bymtheg ac yn ddisgybl yn Ysgol Ramadeg Friars ym Mangor.[110] Ysgogwyd yr atgofion chwerw gan sylw William Morris mewn llythyr cynharach at Oronwy yn ei hysbysu bod Elis wedi herio beirdd Môn a'u hannog i gyfranogi mewn ymryson barddol. Gwelodd Goronwy yn syth y câi gyfle i dalu'r pwyth. Penderfynodd ddial ar Elis trwy lunio cyfres o englynion dychanol ond ni ddymunai i Elis wybod pwy a'u canodd. Byddai'n sicrhau, felly, fod yr englynion yn cael eu cylchredeg wrth enw aelod arall o'r frawdoliaeth farddol, sef Hugh Hughes, y Bardd Coch o Fôn. 'Ie, sach gwlan ydyw Elis yn ddiammau; nid oes dim a eill gyrraedd ei groen ef oddigerth haiarn poeth.'[111] Dyfarniad awdur *Llyfryddiaeth y Cymry* ar yr englynion yw mai: 'Gogan ydynt i waith bwngleraidd Elis yn ceisio barddoni.'[112]

Ysgogwyd yr awydd i ddial gan ystyriaeth arall. Erbyn 1754 yr oedd Goronwy wedi dechrau myfyrio am bwrpas barddoniaeth a swyddogaeth y bardd. Yr oedd wedi datgan ddwy flynedd ynghynt yn ei gywydd 'Bonedd a Chyneddfau'r Awen': *Un awen a adwen i / Da oedd, a phorth Duw iddi,*[113] ac yn ei gywydd enwocaf, 'Cywydd yn Ateb y Bardd Coch o Fôn', byddai'n hawlio mai swyddogaeth yr awen oedd clodfori Duw: *O farddwaith, od wyf urddawl, / Poed im wau emynau mawl.*[114] Swyddogaeth ddyrchafol a duwiol oedd i farddoniaeth fel y gwelai ef hi, ac ar gyfer y sawl a feddai grebwyll a deallusrwydd y'i bwriadwyd: 'Whatever I wrote was design'd for men, and for men of sense and ingenuity, such as love their country and language, and can relish pithy and nervous Welsh.'[115] Nid oedd gan Oronwy ddim i'w ddweud wrth y math o gerddi iselradd a oedd yn amlhau ac yn ffynnu, ac ni allai lai na ffieiddio at ymarweddiad Elis y Cowper ar y naill law a'i ddiffyg crefft ar y llaw arall. Dyna esbonio ei sylwadau dilornus ar ei gyn-wrthwynebydd yn Llanrwst:

'carp safnrhwth tafod-ddrwg', ac ymhellach 'nid dawn awenydd, ond dawn ymdafodi, ac ymserthu'n fustlaidd ddrewedig anaele'.[116]

Ni ddiogelwyd yr englynion a luniodd Elis i herio beirdd Môn; 'englynion go drwsglaidd' oeddent, os gallwn dderbyn tystiolaeth William Morris.[117] Bid a fo am hynny, bu'n rhaid i Oronwy aros yn hir cyn cael eu gweld. Pan anfonodd William Morris hwy ato yn y diwedd, cafodd gryn syndod. Yr oedd wedi disgwyl dychan garw a chreulon i feirdd ei sir enedigol a gorfu iddo gyfaddef, yn groes i'r graen, yn ddiau: 'Dyma'r Englynion diniweitiaf a wnaeth Elisa erioed'.[118] Pan fyddai bardd iau yn cyfarch bardd hŷn, neu pan fyddai beirdd un ardal yn annerch beirdd ardal arall, byddai cwyno a gresynu ynghylch diffygion ar y naill law a deisyf cefnogaeth ac arweiniad ar y llaw arall yn thema gyffredin. Y mae lle i gredu mai yn y cywair hwn y lluniodd Elis ei englynion i feirdd Môn i'w hannog i gymryd rhan mewn ymryson.

Yr oedd ymrysonau o'r fath yn gyffredin yn ystod y ddeunawfed ganrif. Ysgogwyd sawl un gan Lewis Morris pan oedd yn ŵr ifanc ac yn dal i fyw ym Môn. Cynullodd o'i amgylch gwmni brith o brydyddion a rhigymwyr a gwyddys iddo ymwneud â phum ymryson rhwng 1728 a 1734.[119] Y mae'n bosibl fod Owen Gronw, tad Goronwy, ac Elis Roberts wedi eu tynnu i gylch ymryson a ysbardunwyd gan Lewis cyn iddo adael Môn ac ymsefydlu yng Ngheredigion yn 1742. Dyna awgrym William mewn llythyr at ei frawd Richard yn Llundain: 'Fe wyr y brawd Llew hanes Elisa a'r modd y bu'n rhyfela ac Owain Goronwy gynt'.[120] Efallai yn wir fod gwybod am ymryson cynharach rhwng ei dad a'r Cowper wedi ennyn y fflamau yn Llanrwst pan ddaeth Goronwy ac Elis wyneb yn wyneb flynyddoedd yn ddiweddarach.

Hawdd credu bod rhyw gyfathrach wedi bod rhwng Elis ac Owen Gronw. Diogelwyd cyfres o wyth englyn wrth enw Owen Gronw yn annerch Dafydd Jones o Drefriw, cymydog a chyfaill Elis. Y mae'r englynion yn bur wallus o ran eu cynghanedd ac o ran eu ffurf, ac yn debyg felly i'r math o gerddi y byddai tad Goronwy wedi eu llunio. Ond yn llaw Lewis Morris y cofnodwyd hwy ac y mae lle i gredu mai ei waith ef yw'r englynion sy'n ymgais i efelychu ac i atgynhyrchu yn fwriadol awen anhyfedr a thrwsgl ei gyd-Fonwysyn.[121] Os gwir hyn, gwedd ar hiwmor nodweddiadol Lewis yw'r ymgais i ddefnyddio Lladin yn yr ail englyn isod:

Owen o Fon fwyn wyfi ab Grono
gwr a fedr ganu
mae son y dyn am dy swn di
heno mae'n rhyfedd hynny ...

Dwedaist fy mod yn wr didwn mae hynny
yn *Scandalum magnatum*
oni wyddost dy fod ti a mi mwm
mewn pendro yn ddeuddyn pendrwm.

Yn 1734 yn ôl pob tebyg, lluniodd Lewis Morris lythyr dan enw Owen Gronw yn gofyn i'r beirdd annerch y meddyg Richard Evans am i hwnnw wella rhyw anhwylder ar draed Owen. Lluniwyd nifer o'r englynion gan Lewis ei hun, rhai wedi eu priodoli i ffigurau rhithiol megis Robin Ben Cadach a Brochwel Ysgithrog. Ond mae lle i gredu i sawl bardd go iawn ymateb, rhai o Fôn a rhai o siroedd eraill y gogledd. Canodd Dafydd Jones un englyn, ac y mae'n arwyddocaol mai yn ei law ef y diogelwyd y llythyr a'r gyfres englynion.[122]

Diogelwyd un gwaith a all fod yn ymateb i ymgais Elis y Cowper i herio beirdd Môn tua'r flwyddyn 1754. Baled o waith Hugh Hughes ydyw ac y mae'n seiliedig ar dro trwstan; adroddir am y modd y ceisiodd rhywun saethu dyfrgi, ond erbyn gweld, oen cymydog a saethwyd mewn gwirionedd.[123] Egyr y bardd ei gerdd trwy esbonio bod angen cefnogaeth beirdd Môn ar feirdd Nant Conwy. Ymfalchïa Hugh nad oedd prinder beirdd ym Môn a bod yr awen yn ffynnu yno:

Os darfu awenydd yn eich sir
Cewch gynorthwyad, cload clir,
Mae union wawd ym Môn yn wir pan holir yn helaeth.

Enwir dau o feirdd Nant Conwy, sef Dafydd Jones ac Elis y Cowper. Y mae Dafydd yn *[a]wenydd wych* a mynnir bod Elis cystal â saith o feirdd Arfon: *yn ei synnwyr mwy na saith ar araith o'r 'Ryri*. Os lluniwyd y faled fel rhan o ymateb i'r her a anfonodd Elis Roberts i feirdd Môn tua'r flwyddyn 1754, y mae'r arwyddion o ewyllys da ym maled y Bardd Coch yn dystiolaeth mai mewn ysbryd cyfeillgar a chymodlon y canodd Elis ei englynion coll i feirdd yr ynys.

Os cawn ddychwelyd cyn cloi at Elis Roberts a Goronwy. Er bod y ddau yn cynrychioli gwerthoedd gwahanol a dulliau gwahanol iawn o ganu, difyr nodi bod ambell beth yn gyffredin rhyngddynt. Er y byddai Goronwy yn hwyrfrydig i dderbyn bod awduron y baledi wedi eu breinio ag unrhyw ddawn, heb sôn am ddawn ddwyfol, diau y cytunai â'r syniad a fynegwyd yn y cerddi o waith John Richards ac Elis a drafodwyd am bwysigrwydd defnyddio'r awen mewn dull cywir a chymeradwy. Rhybuddiodd y ddau yn erbyn 'camiwsio' yr awen. Awgrymodd Bedwyr Lewis Jones mai taro'r post er mwyn i Lewis Morris glywed a wnâi Goronwy wrth resynu *Gwae ddiles gywyddoliaeth! / Gwae fydd o'i awenydd waeth!* oblegid caniadau ysgafn a masweddus oedd cynnyrch greddfol awen ei athro barddol.[124]

Efallai ei bod yn arwyddocaol hefyd fod Goronwy ac Elis ill dau wedi eu cymell i ganu i'r Farn Fawr; lluniodd Goronwy gywydd a gwelir pedwar englyn o waith Elis ar ddiwedd un llyfr baledi.[125]

Coffáu'r Cowper

Yr oedd y prydyddion yn ymwybodol iawn fod bwlch yn y rhengoedd pan glywyd am farwolaeth y Cowper ddiwedd mis Tachwedd yn y flwyddyn 1789. Prysurodd Twm o'r Nant i lunio beddargraff ar y mesur byr-a-thoddaid a mynnai fod ei ganiadau a'i ddyrïau yn tra-rhagori: *Prydydd oedd; parod i'w ddyddiau, / Uwchlaw miloedd â chlwm eiliau.*[126] Y mae *Y Cowperfardd, co' purfaith* hefyd ymhlith y dyrfa o gydnabod dethol a restrwyd yng nghywydd Twm, 'Hanes Henaint a Threigl Amser', a'r bardd erbyn hynny mewn gwth o oedran ac yn gweld colli ei gyfeillion bore oes.[127] Bardd arall a goffaodd Elis oedd Siôn Llŷn mewn cyfres 'Englynion cwynfan am Elis gowpper ac yn annerch ei fab ef 1790'.[128] Yn ôl Siôn, *Am adail neb ail yn bod / O burach awen barod.* Un o gywion Dafydd Ddu Eryri oedd Siôn Llŷn ac y mae llawer o'r darnau cyfarch a luniodd yn annerch rhai megis Lewis Morris, Ieuan Fardd a Goronwy Owen nad oedd ef ei hun o anghenraid wedi eu hadnabod.[129]

Ieuan ap Iago o Lanfachreth a luniodd y farwnad hwyaf (cerdd 21). Dywed fod trigolion pum sir y gogledd – Dinbych, Arfon, Meirion, Môn a'r Fflint – yn cofio ei *bêr ganiada* lluosog, sef ei garolau a'i gerddi a'i ddyrïau, a hefyd ei *ddamhegion*, sef ei faledi crefyddol yn seiliedig ar storïau'r Beibl. Dygir i gof hefyd y modd y *rhoes rybudd / I'r annuwiolion* yn ei lythyron ar ffurf pregeth. Telir teyrnged i'w ddysg pan sonnir am ei feistrolaeth ar *yr wyth ran ... ymadrodd*, sef dysg beirdd syberw yr

Oesoedd Canol. Tri o'r deg pennill, fodd bynnag, sy'n canolbwyntio ar ddoniau a chynnyrch y Cowper. Dilyn trywydd crefyddol a wneir yn y saith pennill olaf. Ensynnir bod Elis wedi bod yn pendilio rhwng dau eithaf, cyfnodau o fyw yn llawen a diofal ar y naill law ac o brofi ysbeidiau ingol o edifeirwch dwys ac ymdeimlad o euogrwydd ar y llaw arall: *Fo safodd yn y rhyfel poethgry', / Weithiau i lawr ac weithiau i fyny*. Gobaith y prydydd y caiff yr hen Gowper ei groesawu *Ymhlith y seintiau ... gwlad paradwys* sy'n cloi'r farwnad.

Cloriannu

'Rymynnwyr melltigedig' oedd yr awduron baledi yng ngolwg Goronwy Owen,[130] ac i'r dosbarth hwn y perthynai Elis Roberts, yn ôl Charles Ashton: 'Efe ydoedd prif rigymwr y genedl yn y cyfnod hwn'.[131] Nid oedd y Cowper a'r awen ar yr un donfedd, yn ôl awdur *Llyfryddiaeth y Cymry*: 'Er ei fod yn ymyraeth llawer â'r Awen, prin, er hyny, yr oedd hi a'i chyfeillion yn ei gydnabod'.[132] Yr oedd pob sylwebydd yn gytûn ei fod yn awdur poblogaidd a thoreithiog ond yn gyndyn i briodoli iddo unrhyw rinwedd neu ddawn. 'Yr oedd Ellis y Cowper yn ddyn o gryn enwogrwydd yn ei ddydd megys awdwr cerddi, caniadau, ac Interludes. Ei ddull o farddoni oedd yn tebygu i'r eiddo Twm o'r Nant, ond bod ei dalent yn îs o amryw raddau, a'i chwaeth yn fwy llygredig'.[133] Ar un ystyr y mae'n anodd anghytuno â'r disgrifiad 'rhymynwr' neu 'rigymwr'. Gallai'r awduron lunio eu penillion yn rhwydd ac yn llithrig a gallent ymateb yn sydyn i gais am faled ar ba bwnc bynnag a ddeisyfid. Fel y gwelwyd, byddai'r deunydd yn cael ei ailgylchu yn fynych a gwelir ailadrodd yr un math o themâu yn y cerddi crefyddol fel yn y cerddi am feddwdod a'i ganlyniadau a'r cerddi hynny a oedd yn cynghori'r merched. Rhaid cydnabod hefyd y gall yr arddull gynrychioli dull unffurf a pheiriannol o gyfansoddi.

Ond y mae Elis a'i gymheiriaid yn teilyngu ymateb mwy cytbwys. Arfogaeth bwysicaf yr awduron oedd eu hamlder Cymraeg. Ymadrodd sy'n cael ei ddefnyddio wrth ddisgrifio iaith gyfewin Cywyddwyr yr Oesoedd Canol yw hwn. Yr oedd y beirdd hyn wedi eu hyfforddi mewn ysgolion barddol lle y byddent yn astudio cerddi eu rhagflaenwyr er mwyn ehangu eu geirfa. Yn yr un modd, gellid cyfeirio at amlder Cymraeg awduron y baledi. Yr oedd Gwilym Lleyn ymhell o'i le pan ddywedodd am iaith y Cowper a'i gyd-brydyddion: 'Y mae yr iaith yn garbwl, glogyrnaidd, werinaidd, ac yn wallus i'r eithaf'.[134] Nid iaith garbwl a chlogyrnaidd oedd gan Elis ond iaith doreithiog a oedd yn gyfrwng cyfathrebu effeithiol a phwrpasol. Ac nid iaith wallus mohoni er bod tuedd ar dro i gamdreiglo yn fwriadol er mwyn sicrhau bod y cyflythrennu yn gadarn. Y mae'r iaith yn un werinaidd, yn yr ystyr ei bod yn ddealladwy i'r gynulleidfa ac yn cynnwys o bryd i'w gilydd ffurfiau y gellid eu disgrifio yn gwrs neu'n aflednais, ond prin fod hynny yn arwydd o ddiffyg dawn. Gwneir defnydd yn y baledi o eiriau wedi eu benthyca o'r Saesneg, geiriau fel *departio, fecsio, misio, waetio,* a oedd wedi dod yn bur gyfarwydd erbyn y ddeunawfed ganrif. Rhaid cofio bod y Ficer Prichard wedi gwneud peth tebyg yn y ganrif cynt a Phantycelyn, un o gyfoeswyr y Cowper, yn y ddeunawfed. Ar y llaw arall, yr oedd defnyddio geiriau cyfansawdd a chreu rhai newydd pwrpasol yn arfer cydnabyddedig yn y canu uchelwrol. Mabwysiadwyd yr un math o ffurfiau yn y baledi. Bathodd Elis y gair 'ymwegilgosi' mewn un gerdd er mwyn cyfleu anghysur y gŵr priod sy'n derbyn llythyr i'w hysbysu bod y ferch y bu yn ei chwmni yn y dafarn yn disgwyl ei blentyn.

Y mae'r baledi yn dangos pa mor gyfoethog a helaeth oedd Cymraeg y Cowper o ran ei geirfa a'i hidiomau. Ac am mai cyfrwng cyfathrebu ydoedd y baledi, mae'n dilyn fod y gwrandawyr a'r darllenwyr yn gyfarwydd â'r iaith hon.

Nid oedd Elis yn ŵr di-ddysg a diddiwylliant. Gallai ganu am y Farn a llunio baled yn llinach yr ymddiddanion rhwng yr enaid a'r corff. Ar ddechrau ei faled i fwynwyr Mynydd Parys, fe'i gwelir ar y mynydd yn annerch yr awen, yn union fel y byddai'r beirdd clasurol yn deisyf cymorth ac ysbrydoliaeth yr awenau ar fynyddoedd Parnasws a Helicon yn eu caniadau hwy. Ar yr un gwynt, y mae'n cyffelybu'r mynydd a'r mwyn i wlad yn llifeirio o laeth a mêl, sef yr hyn a addawodd Duw i Foses ar Fynydd Horeb: *Mynydd ydyw fo'n llifeirio lle mynno o'r llaeth a'r mêl.*

Er gwaethaf gofynion y cyfrwng a chaethiwed yr arddull, meddai Elis ar y ddawn i adrodd hanes mewn dull gafaelgaer sy'n hawlio sylw ei gynulleidfa o'r dechrau hyd y diwedd. Yn wir, gellid tybio ei fod yn llygad-dyst wrth iddo gyfleu mewn dull mor fyw y dinistr a grewyd gan y daeargryn yn Lisbon yn un o'i faledi. Gwyddai'n reddfol beth fyddai'n apelio. Dro ar ôl tro byddai'n llwyddo i daro ar storïau cyffrous ac yn cyflwyno manylion a ffeithiau am ystod rhyfeddol o ddigwyddiadau yma yng Nghymru, yn Lloegr ac Iwerddon, yng ngwledydd Ewrob ac yng Ngogledd America. Priodol fyddai ei ddisgrifio yn awdur llu o hanesion difyr ar gân, wedi eu cofnodi mewn iaith gyhyrog, a'r rheini yn eu tro yn cael eu prisio yn fawr gan Gymry cyffredin ei oes. Gall Dyffryn Conwy fod yn falch ohono.

[1] *Additional Letters of the Morrises of Anglesey (1735–1786)*, ed. Hugh Owen (two volumes, London, 1947–9), 378 (llythyr Siôn Owen at Ieuan Fardd dyddiedig 4 Rhagfyr 1758).
[2] Llawysgrif LlGC 21944B, 2/1. Gŵr o Dal-y-bont yn Llanllechid oedd hwn (1689–1763) ac awdur anterliwtiau, fel Elis ei hun, gw. Dafydd Glyn Jones, 'Thomas Williams yr anterliwtiwr' yn *Agoriad yr Oes* (Tal-y-bont, 2001), 111–55 (t. 129). Cofnodwyd y deunydd yn y llawysgrif tua 1757 yn ôl *Repertory of Welsh Manuscripts.*
[3] J. H. Davies, *A Bibliography of Welsh Ballads Printed in the 18th Century* (London, 1911) = *BWB*, baled 245. Diweddarwyd orgraff y dyfyniad hwn a'r rhai sy'n dilyn, a'i atalnodi. Diweddarwyd penawdau'r cerddi hefyd.
[4] *BWB* 124.
[5] *Deuddeg o Feirdd y Berwyn* (Cymdeithas yr Eisteddfod Genedlaethol, 1910), 109.
[6] Eiluned Rees, *Libri Walliae* (dwy gyfrol, Aberystwyth, 1987), cofnodion 4394–419.
[7] G. G. Evans, *Elis y Cowper* (Caernarfon, 1995), 41.
[8] G. G. Evans, 'Elis y Cowper—yr anterliwtiwr arall', *Barn*, 392 (1995), 26–7 (t. 26).
[9] *Cambrian Bibliography Llyfryddiaeth y Cymry*, gol. D. Silvan Evans (Llanidloes, 1869), 531–2.
[10] Charles Ashton, *Hanes Llenyddiaeth Gymreig, o 1651 O.C. hyd 1850* (Liverpool, dim dyddiad), 399.
[11] *Bardd Pengwern Detholiad o Gerddi Jonathan Hughes, Llangollen (1721–1805)*, gol. Siwan M. Rosser (Cyhoeddiadau Barddas, 2007); A. Cynfael Lake, *Huw Jones o Langwm* (Caernarfon, 2009).
[12] G. G. Evans, *Elis y Cowper*. Gw. hefyd Robert Griffith, 'Elis y Cowper a'i waith', *Cymru*, 1905, 61–70.
[13] G. G. Evans, *Elis y Cowper*, 13.
[14] *Hunangofiant a Llythyrau Twm o'r Nant*, gol. G. M. Ashton (Caerdydd, 1964).
[15] Charles Ashton, *Hanes Llenyddiaeth Gymreig o 1651 O.C. hyd 1850*, 398–400.
[16] Llawysgrif LlGC 17B, 313.
[17] Thomas Huxley a argraffodd y llyfr baledi a oedd yn cynnwys y gerdd hunangofiannol, a dechreuodd ef argraffu yn 1765, gw. *Libri Walliae*, 901.
[18] *BWB* 351A.
[19] Yn y llyfr baledi 'Tair o ganeuau newyddion' ar wefan 'Eighteenth Century Collection Online'.
[20] *BWB* 7.
[21] *Difrifol fyfyrdod am farwolaeth, sef y pumed llythyr* (ail argraffiad, 1793), gw. Baledi Bangor 11 (21). Dic Aberdaron oedd perchennog y copi hwn.
[22] *Cambrian Bibliography Llyfryddiaeth y Cymry*, 554.
[23] Gw. Ffion Mair Jones, "A'r ffeiffs a'r drums yn roario': y baledwyr Cymraeg, y milisia

a'r gwirfoddolwyr', *Canu Gwerin*, 24 (2011), 19–42.
[24] *BWB* 352B.
[25] *BWB* 352A.
[26] Ceir arolwg o'r baledi sy'n ymwneud â digwyddiadau ac a luniwyd rhwng yr unfed ganrif ar bymtheg a'r ail ganrif ar bymtheg yn Tegwyn Jones, 'Brasolwg ar y faled newyddiadurol' yn *Ambell Air Ac Ati* (Llanrwst, 2013), 115–41.
[27] Ar y dosbarth hwn, gw. Tegwyn Jones, 'Hiwmor yn y baledi' yn *Ambell Air Ac Ati*, 184–98.
[28] *BWB* 308.
[29] *BWB* 653.
[30] Alan Llwyd, 'Golygyddol', *Barddas*, 27 (1979).
[31] *BWB* 313, mewn cerdd yn cwyno am brinder yr arian cochion.
[32] *BWB* 328.
[33] *BWB* 765.
[34] Gw. http://www.e-gymraeg.org/baledi/index.aspx.
[35] *BWB* 680B.
[36] *BWB* 706.
[37] Gw. A. Cynfael Lake, 'Evan Ellis: Gwerthwr Baledi a British Oil &', *Y Traethodydd*, 1989, 204–14.
[38] *BWB* 125.
[39] Cerdd 19 yn y detholiad.
[40] Geraint H. Jenkins, "Dyn glew iawn': Dafydd Jones o Drefriw 1703–1785' yn *Cadw Tŷ Mewn Cwmwl Tystion* (Llandysul, 1990), 175–97.
[41] *Libri Walliae*, 858.
[42] *Libri Walliae*, cofnod 4672.
[43] Stan Wicklen, 'Yr hen wasg bren', *Y Casglwr*, 120 (2017), 10–11.
[44] *BWB* 299; Ifano Jones, *A History of Printing and Printers in Wales to 1810* (Cardiff, 1925), 61–2.
[45] Nid oes dyddiad ar bob llyfr a argraffwyd a phe bai modd dyddio pob un diau y gwelid bod cynnyrch y blynyddoedd hyn dipyn yn fwy.
[46] Gw. Siwan M. Rosser, 'Baledi newyddiadurol Elis y Cowper', *Cof Cenedl*, XXIII (Llandysul, 2008), 67–99.
[47] G. G. Evans, 'Elis y Cowper—yr anterliwtiwr arall', 26.
[48] *BWB* 303.
[49] *BWB* 453. Yn ôl teitl y llyfr baledi fe'i cosbwyd trwy ei grogi ar 9 Mai 1789.
[50] Gwyn Davies, "Galar hen hil ...", *Ceredigion*, 14 (2003), 91–6.
[51] David J. Hepper, *British Warships Losses in the Age of Sail 1650–1859* (Jean Boudriot Publications, Rotherfield, 1994), 69;
https://en.wikipedia.org/wiki/HMS_Royal_George_(1756);
https://www.rmg.co.uk/discover/behind-the-scenes/blog/account-loss-royal-george-spithead-august-1782; Scott Daly, 'The sinking of HMS Royal George and its importance

in British Naval History':
http://porttowns.port.ac.uk/the-sinking-of-hms-royal-george/.
52 *A description of the Royal George; with the particulars relative to her sinking* (1782), 24.
53 Gw. http://www.cowperandnewtonmuseum.org.uk/j4-article-hutchings/.
54 Crynhoir hanes y daeargryn yn Malcom Jack, 'Destruction and regeneration: Lisbon, 1755' yn *The Lisbon Earthquake of 1755 Representations and Reactions*, ed. Theodore E. D. Braun and John B. Radner (Voltaire Foundation, Oxford, 2005), 7–20 (tt. 7–12 yn benodol).
55 Ar yr ymateb diwinyddol, gw. penodau Robert G. Ingram a Robert Webster yn *The Lisbon Earthquake of 1755 Representations and Reactions*.
56 *BWB* 95A.
57 *BWB* 95A. Gellir darllen holl faledi Huw Jones ar y wefan:
http://baledihuwjones.swan.ac.uk/.
58 Numeri 16:33.
59 *BWB* 95C sy'n cynnwys baled Gwilym ap Dewi.
60 David Owen, *Lighter than Air* (Apple Press, London, 1996). Ceir yma ddetholiad trawiadol o ddelweddau o'r balwnau cynnar.
61 Heather Jones, 'Cân y Copar Ladis' yn 'Petalau yn y Gwynt', Sain C455N.
62 'Cerdd o glod i ferchaid Mynydd Parys', gw. Baledi Bangor 32 (24).
63 Amlinellir hanes Mynydd Parys yn J. Richard Williams, *Mynydd Parys 'Lle bendith? – Lle melltith Môn'* (Llanrwst, 2011). Cyfeirir at rai o'r gwŷr a enwir ym maled Elis Roberts yn y gyfrol: Jonathan Roose (t. 73), Stephen Roose (t. 73).
64 Gw. *Y Bywgraffiadur Cymreig* ar-lein: https://bywgraffiadur.cymru/article/c-PAGE-PLA-1737 (cyrchwyd 8 Chwefror 2019).
65 Gw. *Y Bywgraffiadur Cymreig* ar-lein: https://bywgraffiadur.cymru/article/c-WILL-THO-1737 (cyrchwyd 8 Chwefror 2019). Hefyd, A. H. Dodd, *The Industrial Revolution in North Wales* (Cardiff, 1971), 152–60; John Rowlands, *Copper Mountain* (Anglesey Antiquarian Society, 1966), 23–40; Owen Griffith, *Mynydd Parys* (Caernarfon, dim dyddiad).
66 Ar Gaenor Hughes a hefyd ar y cerddi sy'n ymwneud â gweledigaethau, gw. Siwan M. Rosser, *Y Ferch ym Myd y Faled* (Caerdydd, 2005), pennod 4 a tt. 143–53.
67 Gw. *Bardd Pengwern Detholiad o Gerddi Jonathan Hughes, Llangollen (1721–1805)*, cerdd 12; *Beirdd Ceridwen Blodeugerdd Barddas o Ganu Menywod hyd tua 1800*, gol. Cathryn A. Charnell-White (Cyhoeddiadau Barddas, 2005), cerdd 141; llawysgrif LlGC 8490A, 3v (cywydd Ieuan ap Iago); LlGC 8490A, 4v (baled John Rees).
68 Mathew 4:4.
69 Gw. Ffion Mair Jones, "Gwŷr Lloeger aeth benben â'u brodyr eu hunen': y baledwyr Cymraeg a Rhyfel Annibyniaeth America', *Y Traethodydd*, 2011, 197–225.
70 *Additional Letters of the Morrises of Anglesey (1735–1786)*, 325 (llythyr Lewis Morris at Ddafydd Jones dyddiedig 15 Hydref 1757).
71 *BWB* 300.

[72] *Dechreuad, cynnydd, a chyflwr presenol, y ddadl rhwng pobl America ar llywodraeth* (1776), [1].
[73] Ibid., 31.
[74] Gw. yr awgrym yn nhrafodaeth Siwan M. Rosser ar y cerddi a oedd yn ymwneud â gweledigaethau yn benodol, gw. *Y Ferch ym Myd y Faled*, 136–40.
[75] *BWB* 642.
[76] *Libri Walliae*, cofnodion 682–6.
[77] Nid oes dyddiad ar y llyfr baledi ond ymddengys mai ar ôl 1766 yr argraffwyd ef.
[78] *Libri Walliae*, cofnodion 5171–4.
[79] *BWB* 133.
[80] *BWB* 158.
[81] *BWB* 196A.
[82] *BWB* 95B.
[83] *BWB* 133.
[84] *BWB* 136.
[85] *BWB* 366.
[86] Iago 1.22; *BWB* 114B.
[87] *BWB* 194.
[88] *BWB* 450.
[89] *BWB* 449.
[90] *Gwaith Iolo Goch*, gol. D. R. Johnston (Caerdydd, 1988), cerdd XIV.
[91] *BWB* 356.
[92] *BWB* 359.
[93] *Libri Walliae*, cofnodion 3631–44.
[94] *BWB* 271.
[95] Carol blygain Huw Jones 'Holl brydyddion fuddiol foddion' yn *Dewisol ganiadau yr oes hon* (1759), 80–4.
[96] *BWB* 166.
[97] Llawysgrif BL Add 14968, 155r–156r.
[98] Llawysgrif LlGC 5545B, 157.
[99] *BWB* 1; hefyd llawysgrif LlGC 5545B, 154.
[100] *BWB* 122.
[101] *Hunangofiant a Llythyrau Twm o'r Nant*, 49.
[102] Ibid., 50.
[103] *BWB* 367B.
[104] *BWB* 374.
[105] Ar Jac Glan-y-gors, gw. *Cydymaith i Lenyddiaeth Cymru*, gol. Meic Stephens (ail argraffiad, Caerdydd, 1997), 396. Cyhoeddwyd y faled gyda cherddi eraill Jac yn *Cerddi Jac Glan-y-gors*, gol. E. G. Millward (Cyhoeddiadau Barddas, 2003), cerdd XXIV a'r nodiadau. Yno cynigir mai William Griffith, Bardd Siabod, a fu'n croesi cleddyfau â'r Cowper, a bod a wnelo'r ymryson â baled a ganodd Elis i'r merched. Ni chadwyd dim

o waith y bardd hwn yn y llyfrau baledi a argraffwyd yng nghwrs y ganrif. Awgrymir hefyd mai tua 1787 y bu'r ymryson.

106 Gw. *Y Bywgraffiadur Cymreig* ar-lein: https://bywgraffiadur.cymru/article/c-WILL-JOH-1740 (cyrchwyd 25 Chwefror 2019).

107 Llawysgrif LlGC 8331E, 124. Cofnodwyd y cywydd tua 1763–4 yn ôl *Repertory of Welsh Manuscripts*.

108 *BWB* 85.

109 *The Letters of Goronwy Owen (1723–1769)*, ed J. H. Davies (Cardiff, 1924), 127–8 (llythyr Goronwy Owen at William Morris dyddiedig 16 Hydref 1754).

110 Bu Goronwy yn ddisgybl yn yr ysgol rhwng 1737 a 1741, gw. Alan Llwyd, *Gronwy Ddiafael, Gronwy Ddu* (Cyhoeddiadau Barddas, 1997), 35–42.

111 *The Letters of Goronwy Owen (1723–1769)*, 138 (llythyr Goronwy Owen at William Morris dyddiedig 2 Rhagfyr 1754). Ceir y gyfres o englynion yn *Barddoniaeth Goronwy Owen* (Liverpool, 1902), 122–3.

112 *Cambrian Bibliography Llyfryddiaeth y Cymry*, 554 (lle y priodolir yr englynion i Hugh Hughes).

113 *Blodeugerdd Barddas o Ganu Caeth y Ddeunawfed Ganrif*, gol. A. Cynfael Lake (Cyhoeddiadau Barddas, 1993), cerdd 44.

114 Ibid., cerdd 50.

115 *The Letters of Goronwy Owen (1723–1769)*, 140 (llythyr Goronwy Owen at William Morris dyddiedig 2 Rhagfyr 1754).

116 Ibid., 127 (llythyr Goronwy Owen at William Morris dyddiedig 16 Hydref 1754).

117 *The Letters of Lewis, Richard, William and John Morris, of Anglesey (Morrisiaid Mon) 1728–1765*, ed. John H. Davies (dwy gyfrol, Aberystwyth, 1907–9), i, 330 (llythyr William at Richard dyddiedig 3 Chwefror 1755).

118 *The Letters of Goronwy Owen (1723–1769)*, 143 (llythyr Goronwy Owen at William Morris dyddiedig 21 Ionawr 1755).

119 Penodau IX–X a t. 109 ymlaen yn Dafydd Wyn Wiliam, *Cofiant Lewis Morris 1700/1–42* (Llangefni, 1997), a phennod X, 'Lewis – Athro beirdd' yn idem., *Cofiant Lewis Morris 1742–65* (Llangefni, 2001).

120 *The Letters of Lewis, Richard, William and John Morris, of Anglesey (Morrisiaid Mon) 1728–1765*, i, 333–1 (llythyr William at Richard dyddiedig 3 Chwefror 1755); Alan Llwyd, *Gronwy Ddiafael, Gronwy Ddu*, 27.

121 Llawysgrif BL Add 15027, 65. Cynigir yn *Repertory of Welsh Manuscripts* mai Lewis a luniodd yr englynion hyn.

122 Yn llawysgrif Caerdydd 84, gw. Bedwyr Lewis Jones, 'Goronwy Owen, 1723–69', *Trafodion Anrhydeddus Gymdeithas y Cymmrodorion*, 1971, 16–44.

123 *BWB* 7.

124 *Blodeugerdd Barddas o Ganu Caeth y Ddeunawfed Ganrif*, cerdd 50; Bedwyr Lewis Jones, 'Lewis Morris a Goronwy Owen 'digrifwch llawen' a 'sobrwydd synhwyrol'', *Ysgrifau Beirniadol*, X (Dinbych, 1977), 290–308.

[125] *BWB* 287.
[126] Llawysgrif Cwrtmawr 35, 143.
[127] *Canu Twm o'r Nant*, gol. Dafydd Glyn Jones (Bangor, 2010), cerdd 87.
[128] Llawysgrif Cwrtmawr 511, 213, sef 'Gemmau yr Awen Sion Lleyn,' casgliad o gerddi yn llaw y bardd a baratowyd tua 1783–90. Cyhoeddwyd yr englynion yn *Y Brython*, 1 Mawrth 1863, 205.
[129] Ar John Roberts 'Siôn Llŷn' 1749–1817, gw. *Y Bywgraffiadur Cymreig* ar-lein: https://bywgraffiadur.cymru/article/c-ROBE-JOH-1749. Rhestrir y cerddi o'i waith sydd ar glawr yn y *Mynegai i Farddoniaeth Gaeth y Llawysgrifau*, 3620–39.
[130] *The Letters of Goronwy Owen (1723–1769)*, 17 (llythyr Goronwy Owen at Richard Morris dyddiedig 15 Awst 1752).
[131] Charles Ashton, *Hanes Llenyddiaeth Gymreig o 1651 O.C. hyd 1850*, 398.
[132] *Cambrian Bibliography Llyfryddiaeth y Cymry*, 554.
[133] 'Goronwy Owen—ei waith a'i athrylith,' *Y Traethodydd*, 1862, 148.
[134] *Cambrian Bibliography Llyfryddiaeth y Cymry*, 531–2.

Detholiad o faledi

1
Loath to Depart
Fel y darfu i ŵr yn agos i'r Bala dagu ei wraig newydd briodi, a'i bwrw i Afon Dyfrdwy, hwn sydd yn garcharwr i aros ei gyfiawn farnedigaeth am ei weithred.

Clowch hanes anghynnes o broffes go brudd
Am ddyn melltigedig, ceiff ddirmyg ryw ddydd,
Oedd newydd briodi, drygioni rhy gas
A'i gwnaeth o yn un ffiedd, mor rhyfedd ddi-ras.

Yn Llandrillo yn Edeirnion bu'r creulon ddyn croes,
Hwn oedd Robert Gruffudd anufudd mewn oes;
Priododd gymdoges, mae ei hanes o'n hyll
O waith ei fradwrieth, bu'n ddiffeth ei ddull.

Un wythnos bu'n briod, mawr syndod trwm sydd,
Wrth gofio ei fileindra fe a gria pob grudd;
Rhôi'r cythraul i'w galon ddrwg swynion yn siŵr
Pan dafle ei wraig ffyddlon, wedd dirion, i'r dŵr.

Fo a'i hudodd dros Ddyfrdwy, ofnadwy fu'r nod,
Yn enw rhyw neges, mae'r hanes dan rhod;
Pan aeth at yr afon, rhyw swynion rhy serth,
Fo wasgodd yn arw ei gwddw yna'n gerth.

Ar ôl iddo ei mygu a'i llindagu yno'n dynn
Fo a'i taflodd yn fuan i lydan ddyfn lyn,
A hithe yno sudde dan donne yn y dŵr
A'i gwely ar y gwaelod o ganfod ei gŵr.

Wel dyna ichwi galon mor greulon â'r graig
Yn mwrdrio'n ysgeler, mor eger, ei wraig,
Ond buan daeth Satan mor lydan ei lid
I waelod uffernddu i'w dynnu'n ei did.

Math hwn ar ddaearen par' filen a fu
Â'r diawl yn ei galon, mawr greulon mor gry',
Yn medru mynd adre' o'r siwrne ddrwg saig
A gwneuthud llwyr ddiwedd mor oeredd â'i wraig?

Cyn awr aeth i ymofyn (on'd trablin y tro?)
Oedd neb wedi gweled ei ganned wraig o;
Ei cheraint codasant, cytunant drwy'r fan
A ffaelio cael hanes y gynnes liw'r can.

Ar ôl iddynt chwilio a misio ym mhob modd
Rhyw ddewin yn ddiwall a ddeudodd yn rhodd
Mai'r gŵr a'i lladdase, rhyw droee o ddrwg dra,
A'i thaflu hi i'r afon yn union a wna.

Hwy chwiliant bythefnos mewn achos trwy nerth
Hyd Ddyfrdwy ddyfn lynnie, eu siwrne fu serth,
Ond cawsant ei chorffyn mewn sydyn fodd syn
Yn agos i Gorwen, digariad oedd hyn.

Ei gŵr pan edrychodd a gwelodd ei gwawr
Y corff yna'n rhywfodd ymliwodd ar lawr,
Ac ynte a garchared, fe a'i rhodded yn rhwym,
Mae fo eto yn y ddalfa am laddfa mor lym.

Gochelwch, rai gwisgi, briodi'n ddi-ras
Heb fod eich iawn fwriad o gariad di-gas
Rhag ofn i'r hen Satan ansutiol ei ryw
Roi ynoch, ddrwg droee, feddylie di-Dduw.

BWB 301. Dafydd Jones, Trefriw, 1777.

Ysgrifennodd Elis Roberts sawl baled am lofruddiaethau ym mhob rhan o Gymru a Lloegr. Afon Dyfrdwy yw'r lleoliad sy'n gefndir i'r faled hon fel yn y gerdd boblogaidd o'r bedwaredd ganrif ar bymtheg 'Yr eneth gadd ei gwrthod'. Gwneud amdani ei hun a wnaeth y *glân forwynig* yn y gerdd honno, ond tynged y ferch ifanc ym maled Elis yw cael ei llofruddio gan ei gŵr, a hynny wythnos yn unig wedi i'r ddau briodi. Clywn fod y gŵr wedi taflu corff ei wraig i'r afon ar ôl iddo ei *llindagu*. Y peth nesaf a wnaeth oedd mynd at deulu'r wraig a dweud ei bod hi ar goll a bu pawb yn chwilio yn ofer amdani. Yn y rhan nesaf cyflwynir elfen oruchnaturiol am mai dewin neu ddyn hysbys sy'n datrys y dirgelwch ac yn esbonio bod y gŵr wedi lladd ei wraig a thaflu ei chorff i'r afon. Canfyddir y corff ar ôl chwilio pellach ger Corwen. Gwelir ail elfen oruwchnaturiol oherwydd y mae'r corff yn edliw i'r gŵr ei weithred ysgeler. Y mae thema fel hon yn weddol gyffredin yn y baledi sy'n disgrifio llofruddiaethau. Yn fynych bydd ysbryd y sawl a laddwyd yn ymddangos ac yn cyhuddo'r llofrudd neu yn amddiffyn y sawl a gyhuddwyd ar gam. Enwir y gŵr, Robert Gruffudd, a hysbysir mai brodor o Landrillo ar lan ddeheuol Afon Dyfrdwy ydoedd. Yn ôl cofnodion plwyf Llandrillo, priodwyd Robert Rufuth a Jane Prichard ar 20 Chwefror 1776. Pan luniwyd y faled, yr oedd y llofrudd yn dal yn y carchar yn aros i fynd o flaen ei well.

2
Amorylis

Hanes merch fonheddig a feichiogodd o'i gwas, ac a laddodd ei phlentyn, ac a'i rhoes dan wely'r forwyn, ac a wenwynodd y gwas, a phan oedd y forwyn yn cael ei chondemnio daeth ysbryd y gwas a'r plentyn ac achubodd ei bywyd.

Clowch hanes creulon, moddion mawr,
Am ferch fonheddig, glân ei gwawr;
Mewn agwedd noeth mynega' yn awr
Fel a bu dirfawr derfyn:
Beichiogi o'r gwas a wnaeth hi'n faith
Mewn hudol waith anhydyn;
Hi luniodd fyned gydag e
I arswydus siwrne sydyn.

Hi a gychwynne i ffwrdd o'i phlas
Gyda ei morwyn bur a'i gwas;
I'r Bath y deude y ferch ddi-ras
Yr âi hi o bwrpas yno
I edrych oedd mewn moddion ffri
Ddim mwynder iddi ymendio;
Yr ail nos o'i chartre' daeth
Yn glafaidd aeth i glwyfo.

Roedd gwely ei morwyn lân ei bri
Yn yr un siamber efo hi;
On'd ei meistres yno, yn wael ei chri,
Trwm oedd y c'ledi, a'i cludodd?
A'r gowlaid bach pan ddaeth i'r byd,
Gwall hefyd, hi a'i lladdodd,
A'i morwyn hefyd, glân ei gwawr,
O'i chlefyd mawr ni chlwyfodd.

'R ôl iddi fygu'r gowlaid wan
Hi gode'n ddistaw yn y man,
Ac at y forwyn, oedd liw'r can,

Rhôi'r gelan dan ei gwely;
A hon oedd flin ar ôl ei thaith
Mewn cysgod waith yn cysgu
Heb fawr feddwl yn hynny o le
Fod allan ddryge felly.

Fe foregode'r ferch ddi-ras,
Yn sydyn galwodd ar ei gwas
Gan ddeud yr âi hi 'n ôl i'w phlas,
Fod achos addas iddi:
Fod yno hardd gwmpeini mwyn
Yn galw ar dwyn amdani;
Ac ar y ffordd y gwas mewn braw
Dechreue ei hylaw holi.

A gofyn iddi yn hynny o bryd
A ddaethe'r plentyn bach i'r byd
Fel galle fagu hwn o hyd
A gado bywyd iddo;
I'w synnu o hyd pan sonie hyn
Dechreue'n ddygyn ddigio;
Yn y pentre' nesa' ymlaen pan âi
Yn union gwnâi ei wenwyno.

Ar hyn fe ddaeth swyddogion aed
I'w dwyn yn ôl a'i dal a wnaed;
Câi'r forwyn gloee ar ei dwylo a'i thraed
A'i barnu a wnaed yn euog,
A'i barnu i'w chrogi ar ddiwrnod prudd,
Mawr gerydd anhrugarog,
Oni bai ragluniaeth Duw o'r ne'
A'i dyge o friwie afrowiog.

Dôi'r gwas a gowse ei wenwyno i'r lle
A'r plentyn bychan gydag e
O flaen y fainc drwy waith Duw ne'
I ddeud geirie dros y gwirion;

A'r feistres yno yn ei lle
Gadd ddiodde' loese creulon;
Mae Duw yn gweld o'i nefol fro
Ac i'w gofio y sawl sy gyfion.

BWB 303. Dafydd Jones, Trefriw.

Y mae hon eto yn faled am lofruddiaeth. Prin yw'r manylion am y cymeriadau ac nid enwir yr un ohonynt. Fodd bynnag, adroddir bod merch fonheddig a'i gwas a'i morwyn wedi teithio i Gaerfaddon, tref a oedd yn datblygu yn y ddeunawfed ganrif yn ganolfan ffasiynol o bwys ar gyfer y rhai a chanddynt foddion, diolch yn bennaf i weledigaeth Richard 'Beau' Nash (1674–1762). Codwyd adeiladau trawiadol yn y dref yng nghwrs y ganrif ac yr oedd yno fywyd cymdeithasol ffyniannus. Codwyd yr Ystafelloedd Ymgynnull yng nghanol y dref yn 1771. I'r dref hon y cyrcha'r ferch fonheddig yn y faled. Cawn wybod ei bod yn feichiog ac mai'r gwas yw'r tad. Aethai'r ferch i Gaerfaddon i *ymendio*; tybed a oedd wedi celu'r ffaith ei bod yn feichiog rhag ei theulu? Genir ei phlentyn yn ystod yr ail noson oddi cartref. Y mae'r wraig fonheddig a'i morwyn yn rhannu ystafell ond am fod y forwyn druan mor flinedig ni sylweddola fod y plentyn wedi ei eni, fod y wraig fonheddig wedi lladd y plentyn ac wedi rhoi'r corff o dan ei gwely hi. Gadawa'r tri y dref ar frys drannoeth. Y mae'r gwas yn amlwg yn poeni am y baban ac yn awyddus i'w ymgeleddu. Nid yw'r wraig fonheddig yn rhannu ei ofid ac y mae'n lladd ei gwas trwy ei wenwyno. Daw swyddogion i chwilio am y forwyn; y mae'n amlwg fod corff y baban wedi ei ganfod erbyn hyn. Dygir hi o flaen ei gwell a'i dedfrydu, ond *drwy waith Duw ne'* daw ysbryd y gwas a'r baban i eiriol ar ei rhan, i dystio i'w diniweidrwydd ac i ddatgan pwy oedd yn gyfrifol am y llofruddiaeth.

3
Bryniau Iwerddon

Cerdd yn gosod allan hanes un William Brown o Gaerloyw, yr hwn a gyfarfu wrth ddyfod adre' o chwarae ffeifs ag un Miss Jones, gan ei dienyddu, ac a feddyliodd ladd Miss Goff; hwn gadd ddiodde' yn ôl ei haeddiant.

Cydnesed pawb i'r unman yn gyfan oll i gyd,
Cewch hanes mwrdwr hylla' a gerwin laddfa lid
A fu fis Awst diwaetha', mynega' yn gyfa'r gwir,
Yn Sir Gaerloyw dyner fu a'i henw Gloster glir.

Roedd merch fonheddig fwynlan yn burlan irlan awr
A'i henw Jones lân fwynedd, un buredd ddoethedd ddawn;
Roedd pymtheg mil o arian gin ddiddan feinwen ferch
Ac am briodi'r ydoedd o'i gwirfodd, siwrfodd serch.

Y Meistres Goff a ddaethe i'w hyfryd gartre' hi,
'Ran 'r ydoedd, glân ei modde, yn un o'i ffreindie ffri,
Ar feder aros yno nes iddi ymrwymo'n siŵr,
Y ladi etholedig, â bonheddig eurfrig ŵr.

Y ddwy gryno fwyn ddigyffro ar ôl cinio i rodio'r aen'
I blas arall mewn plesere, mawr groeso gore gaen',
A than yr hwyr yr arhosen', ddwy gymen gore gaed,
Ac adre' doen' drwy'r dolydd mewn trywydd ar eu traed.

Cyn dyfod o'r ddwy burlan, wych anian, led tri chae
Will Brown a ddôi i'w cyfarfod, dychryndod gwaelod gwae,
Wedi bod yn chwarae tenis, ddyn dibris, heb ofn Duw,
A cholli wnaethe ddialedd, afluniedd oedd ei liw.

Miss Jones a ofynnodd iddo par' fodd oedd arno fo
'Ran hi a'i rhoese'n brentis, un gymwys, drefnus dro;
Hi hefyd iddo a fuase yn wych eirie'n well na chwaer
Tra buase dros bum mlynedd, dwys iredd, fynd yn saer.

Gwnaeth arni olwg ffyrnig heb gynnig deud un gair,
Fel un ar frys fo a'i pasiodd, fe gerddodd draw i'r gwair;
O'r clawdd fe dynne erwydden i ladd y ddoethwen ddawn,
Canol ei phen fe a'i holltodd, fo a'i lladdodd yn hyll iawn.

Y Meistres Goff a waeddodd allan pan welodd erwin waith,
Fe redodd ati'n union mewn creulon dicllon daith;
Fe a'i trawe ar draws ei hysgwydde, hi syrthie i lawr yn siŵr,
Yno caed hi ar drengi, ar dagu, a'i phen mewn dŵr.

Ar hyn fo welodd 'leuni yn torri ar draws y tir:
Gwein'dogion y ddwy ladi i'w gweini oedd mewn gwir
Yn dyfod i'w cyfarfod dan amod parod pur
Heb feddwl 'r hyn a fuase, fel cowse'r rhain y cur.

At gorff y Meistres hyfryd Jones hefyd yn nesáu
Â chyllell yn ei ddwylo, a nerthol frysio wnâi
I dorri ei phoced ddehau, aeth ar ei liniau ar lawr
Lle'r ydoedd gwaed yn llynnie a gerdde o tan ei gwawr.

'R ôl hyn fo rede'n galed drwy ddwned rhag ei ddal,
Mewn mynwent draw fo safe, fo wyre ei bwys ar wal;
Ar hyn roedd gweinidogion mewn cwynion, ddwyliw'r can,
Wedi'u cael nhw ar lawr yn gorwedd yn farwedd yn y fan.

Pan glywe'r mawr waedd allan, naws anian, fwrdwr syn,
Amcanodd fynd dros geulan i foddi i lydan lyn,
Ond peidio wnâi o â hynny, i'w wely'r âi o'n wir,
Mawr ddychryn a'i cymerodd, ni hunodd ddim yn hir.

Pan ddaeth y waedd a'r cynnwr a'r mwrdwr i bob man
Fe gode'r holl gymdogaeth, gwŷr helaeth gwnaen' eu rhan;
'R ôl iddyn' gasglu i'r unfan yn gyfan iawn dan go'
Nhw welen' fod y cwbwl 'run feddwl ond y fo.

Wrth iddyn' chwilio amdano a'i geisio fe a gaed
A'i godi wnaen' i fyny o'i wely a'i glos yn waed;

Dechreuen' yno ei holi o ddifri gwedi'r gwaith,
Cyfadd'odd mai fo a'i lladde heb ame, modde maith.

Oddi yno'r aeth i garchar i ddiodde' galar gwael,
I aros ei farwolaeth, mawr filen, yn ddi-ffael;
Câi'i grogi a'i sibedu, ac roedd yn haeḍdu hyn,
Yn siampel, trymedd chwedel, i fraenu ar uchel fryn.

Ond Meistres Goff a 'mendiodd, hi gyfrifodd friwe cas,
A Meistres Jones a fwrdriodd ar lanfodd weirglodd las,
A'r cwbwl o waith chware a thrin rhyw droee drwg
A dilin llwybre'r gelyn, disgethrin erwin wg.

BWB 212. Thomas Huxley, Caer.

Hanes llofruddiaeth yn Swydd Gaerloyw a adroddir yn y faled hon a thynged dwy ferch fonheddig. Daeth Miss Goff i ymweld â ffrind iddi o'r enw Miss Jones ac i aros gyda hi nes y byddai wedi canfod cymar teilwng. Cawn wybod bod Miss Jones yn werth pymtheng mil o bunnoedd, tua dwy filiwn a hanner yn ein harian ni. Ymosodwyd ar y ddwy ferch wrth iddynt ymlwybro yn ôl i gartref Miss Jones ar ôl iddynt fod yn ymweld â chyfeillion bonheddig yn eu plasty. Gŵr o'r enw William Brown yw'r dihiryn sy'n dod ar eu traws. Roedd Miss Jones yn gyfarwydd ag ef ac wedi ei gefnogi trwy drefnu prentisiaeth ar ei gyfer; yn wir, buasai iddo'n *well na chwaer*. Y mae William mewn tymer wyllt. Buasai'n chwarae tenis, neu ffeifs—'math o chwarae pêl rhwng dau neu bedwar, a'r bêl yn cael ei tharo â llaw yn erbyn mur'. Dichon ei fod yn gollwr gwael, ond ymddengys hefyd ei fod wedi bod yn betio ar ganlyniad y chwarae ac wedi colli *dialedd*, neu beth wmbredd o arian. Y mae'n hollti pen Miss Jones â phastwn, yn defnyddio ei gyllell i dorri ei phoced (lle'r oedd ei harian) ac yn taro Miss Goff yn greulon hefyd. Cymer y goes pan glyw weision Miss Jones yn nesáu. Ei fwriad cyntaf yw ei foddi ei hun, ond yna penderfyna fynd yn ôl i'w wely ac yno y canfyddir ef. Ei dynged yw cael ei grogi a'i sibedu: rhoi'r corff i hongian ac i bydru wrth ffrâm bren wedi ei gosod mewn lle amlwg yn y dref. Cosb ar gyfer llofruddion oedd hon er mwyn rhybuddio eraill rhag cyflawni gweithred debyg.

4
Conset y Brenin Wiliam
O rybudd i bob dyn a dynes feddwl am y gwirioneddol Dduw cyn cychwyn o'u tai rhag na ddoen nhw byth yn ôl, yn gyffelyb i'r trueiniaid yma a gollodd eu bywyd wrth ddyfod adre' o ffair Fangor dydd Llun 25 o Fehefin 1787.

Cydneswch yma'n dyrfa ar dwyn
I wrando geirie, modde mwyn,
Sy'n cymell arnoch tra boch byw
Cyn mynd i daith am gofio Duw,
A gwneud eich cownt ag ef wrth rôl
Rhag ofn na ddeuwch byth yn ôl.

Fe ŵyr pob dyn pan êl o'i dŷ,
Ac nid eill hwn mo'r deud yn hy
Ar gynnydd teg heb gennad Duw
Fyth at y fan daw eto'n fyw;
Gwir help yr Arglwydd, llywydd llawn,
Mewn cadarn nerth a'n ceidw'n iawn.

Na ddeuded neb, "Ni awn o'n tai
Ac a farchnatwn yn ddi-fai,
Ac ni enillwn ar ein taith,
Ni ddown yn ôl o'r siwrne faith;"
Heb nerth llaw Duw i'n dal yn syth
Ni ddoen nhw yn ôl yn foddol fyth.

Mae'n debyg fod teuluoedd Môn,
Y rhain a suddodd, clowsoch sôn,
Yn bwriadu dyfod bod ac un,
Sef pawb yn ôl i'w gartre' ei hun,
Ond erbyn rhifo'r rhain mewn rhôl
Roedd saith ar hugain wedi ar ôl.

Y pumed dydd ar hugain syn
O fis Mehefin y bu hyn;
Wrth ddyfod adre' o Fangor Fawr
Y cwch o'i le a sincie i lawr;
Ar gyfer y Bewmares dre,
Yn fawr ei grym, y waedd oedd gre'.

Trwm oedd y galar hagar hwn
I bawb a'u care, yn boene, yn bwn;
Pob un y bore yn mynd o'i dŷ
Yn iach a llawen, wycha' llu,
A chyn y nos drwy ange'n siŵr
Nhw gowson' derfyn yn y dŵr.

Mater trymedd, sadwedd syn,
Fel cloee tost, oedd clowed hyn:
Clowed gwaedd y ffasiwn lu
Yn suddo i lawr y dyfnfor du;
Yng ngolwg goleuni tir eu gwlad,
Mae'r ing yn brudd, gwnaeth ange eu brad.

Mae llawer calon, ddwyfron ddwys,
O'u dyddie i ben yn dynn dan bwys;
Amal wraig sydd am ei gŵr
Mewn mawr drallod, syndod siŵr;
Plant am eu tad, rhai am eu mam,
Rhai am eu ceraint yn ddi-nam.

Rhai yn wylo am ffrindie pur,
Rhai am eu cariad yn dwyn cur;
Tri deg a dau mewn troeau trwch
Ym Mangor aeth i mewn i'r cwch,
A chyda'r nos ni adawodd Duw
Ond pedwar enaid yno'n fyw.

Dyma'r eilwaith clowsoch sôn
A darfu am drigolion Môn;
Yn Abermenai, llowna' lli,
Boddi wnaeth pum deg a thri,
Ac un yn rhagor i'r cefnfor caeth
Ac un yn fyw i'r lan a ddaeth.

Yn nhraeth oer Lefen, diben dydd,
Saith ar hugain aeth dan gudd,
A phedwar i'r Bewmares fan
O'r daith oer li a ddaeth i'r lan;
Gwarchoded Duw yr hen Fôn dan go'
Rhag ofn y trymedd drydydd tro.

Wel hen fam Gymru longu lwys,
Cymerwch siampal ddyfal ddwys:
Nad eled neb o'ch dynol ryw
I gyfan daith heb gofio Duw;
Rhoi'ch gweddi arno'n fawr, yn fach,
Mewn dawn yn ôl eich dwyn yn iach.

Os bydd Duw gyda chwi ar eich taith
A'i ysbryd nefol, moddol maith,
Nid rhaid ichwi ofni un ange yn siŵr
Ar wyneb daear nac mewn dŵr;
Os misiwch fynd yn ôl i'ch lle
Mewn gwycha' nerth chwi gewch y ne'.

BWB 373. 1787.

Yr oedd tair ffair i'w cynnal ym Mangor yn 1787 yn ôl almanac Cain Jones, *Tymmhorol ac wybrennol newyddion*, ar gyfer y flwyddyn, ar 5 Ebrill, 25 Mehefin a 28 Hydref. Hanes y rhai a gollodd eu bywydau yn y cwch a oedd yn eu cludo adref o Fangor i Fewmares yn dilyn y ffair a gynhaliwyd ar 25 Mehefin sydd yn y faled hon. Llwyddodd pedwar i gyrraedd y lan ond collodd saith ar hugain eu bywydau (ond yn ôl pennill 9, 32 oedd yn y cwch—gwall mae'n siŵr am 31). Digwyddodd yr anffawd yng nghyffiniau Traeth Lafan, y traeth sydd rhwng Bangor a Phenmaenmawr ar ochr Sir Gaernarfon i Afon Menai. Ym mhennill 10 dygir i gof ddamwain arall gyffelyb pan gollodd 54 eu bywydau ger Abermenai, sef y trwyn sydd gyferbyn â Belan ar ochr orllewinol Afon Menai. Dim ond dwy flynedd a oedd wedi mynd heibio er pan ddigwyddodd y ddamwain honno, pan oedd rhai o Fôn yn dychwelyd i Dal-y-foel o ffair Caernarfon ar 5 Rhagfyr 1785. Canodd y bardd Dafydd Thomas 'Dafydd Ddu Eryri' faled am y digwyddiad a dywed mai un yn unig a achubwyd, gŵr o Aberffro o'r enw Hugh Williams, gw. BWB 744. Ar ddiwedd testun print o'r bedwaredd ganrif ar bymtheg, rhestrir y damweiniau eraill a fu, gan gynnwys y digwyddiad a ddisgrifir ym maled Elis y Cowper: 'Cwch Penmon ar ei ddychweliad o ffair Fangor, Mehefin 25, 1787 gyda 31 o ddychweledigion o'r ffair y rhai a foddasant oll oddieithr dau'. Gobaith y Cowper ar ddiwedd ei gerdd ef—gan ddwyn i gof y ddihareb 'Nid oes dau heb dri'—yw na fydd trydedd ddamwain yn taro trigolion Môn, *hen fam Gymru*. Awgryma hynny na wyddai am ddamwain arall gynharach yn Nhal-y-foel ar 13 Ebrill 1723; lluniodd y bardd John Thomas gerdd am y digwyddiad hwn, gw. llawysgrif Caerdydd 2.14, 495. Dau yn unig a lwyddodd i ddianc y tro hwnnw.

5
Bellisle March

Yn gosod allan hanes un ar ddeg o ysgolheigion ac un llanc aeth i geisio eu hachub ac a foddodd y deuddeg yn Afon Teifi mis Chwefror diwaethaf 1789 drwy i'r rhew dorri danynt.

Cydneswch rŵan, fawr a bychan, i wrando ar gyfan gân,
Y modd y darfu, moddion dirfawr, am glodfawr fechgyn glân;
Aent yn gwmpeini at Afon Teifi pan oedd yn rhewi yr hin
Ar lyn a'i loned o rew caled, heb ofni un flaned flin;
Ac yno neidio wnaen' ar blymen oedd o'u blaen,
Dechre ysglerio heb ofni yno ar ôl ei dreio un drain;
Mentro yn hyfach bellach bellach i'r lletach le ar y llyn
Heb neb yn ofni niwaid gwedi nes cael eu sobri'n syn;
Dan lithro hyd balmant gwan dôi'r un ar ddeg i'r fan,
Dechreuodd yno i'r du rew grecio, aeth un i'w ledio i'r lan;
Wrth iddo geisio mynd i'w helpio caent yno suddo'n siŵr,
Drwy ing a dychryn sadwedd sydyn caen' derfyn yn y dŵr.

Ow! pwy galonne na thosturie o'u siwrne nhw yno yn siŵr?
Diwarediad oedd yr adeg i'r deuddeg yn y dŵr;
Nid posibl yno allu nofio na cheisio'u ledio i'r lan
Gan sownd aflawen galed rewen oedd filen ar y fan;
Lle'r oedd mor glos â chist ar ôl iddo dripio'n drist,
Nid oedd yno neb i'w safio ond athro cryno Crist;
Nid oedd gobeth ond marwoleth, digyweth mynd dan gudd
I lyn dyfn yno a chaead arno heb dano ole dydd;
Ar funud ennyd awr rhoent yno fonlle' fawr,
Gwnâi'u bloedd nhw gyffro o amgylch yno wrth iddyn' lithro i lawr;
A phawb a goden' craff edrychen', gan rew ni welen' 'run,
Roedd llu aneiri' wrth Afon Teifi yn gweiddi bod ac un.

Roedd tade a mame y plant glân fodde yn wylo'r dagre dwys
Mewn dychryndod mawr diddarfod, oer bennod, hyn oedd bwys;
Er maint o ffrindie, o geraint gore, nid alle eu modde maith
Mo'r cyffwrdd cychwyn myned atyn' heb derfyn ar ei daith;
Nid alle'r brafia' ei bryd, pe cowse fo'r holl fyd,

Am fynd dan rewen i'r llyn milen lle glynen nhw mewn glud;
Ow! yno y buon' heb eu bowyd i'r dŵr rhewllyd nes troi'r hin,
Os y nhw a aned i'r fath dynged roedd hon yn flaned flin;
Mae amal fam a thad dan drymder, brudd-der brad,
O waith eu boddi yn Afon Teifi dan g'ledi yn eu gwlad;
Ond cymren' obeth o'u marwoleth er syweth ddiwedd syn
O fynd yr Iesu â'u 'neidie i fyny er cael eu llethu i'r llyn.

Yr ysgolars cryno, er cael eu cipio, mae'n llawen eto eu lle,
Maent dros dragwyddol yn anfarwol yn ysgol nerthol ne'
Yn dysgu llyfre Crist a'i seintie yn aur gadeirie Duw
Ymysg cwmpeini yng ngwlad goleuni sydd er eu boddi yn byw,
Yn fowrion ac yn fân a ddaeth drwy ddŵr a thân,
Yn canu tanne aur delyne, nef ole yn gartre' gân';
Llawenydd nefol sy i'r plant siriol o freiniol uchel fraint,
Ni ddaw mis Chwefror oer ei ochor i gwrdd un sobor sant;
A'i ddurew mawr o hyd a wnaeth eu boddi o'r byd,
Er gwneud eu diben maent yn llawen yn y glaerwen nefoedd glyd;
Ffarwél iddyn' os bu eu terfyn yn sydyn drwy fawr sen,
Caen' fyw'n dragwyddol yng ngwlad nefol, dymunol wlad, Amen.

BWB 473. Dafydd Jones, Trefriw, [1789].

Boddi fu tynged y disgyblion ysgol yn y gerdd hon fel y rhai yn y gerdd flaenorol a oedd yn dychwelyd o ffair Bangor. Nid oes yma lawer o fanylion ond esbonnir bod un disgybl ar ddeg wedi bod yn ysglefrio ar yr iâ pan oedd Afon Teifi wedi rhewi. Disgrifir y bechgyn yn profi'r iâ i ddechrau ac yna wrth i'w hyder gynyddu mentrant yn bellach oddi wrth y lan. Torrodd yr iâ a chawsant eu dal o dan haenen drwchus o rew. Cynigir cysur i'r rhieni hiraethus fod y plant diniwed bellach yn astudio yn ysgol y nef yng nghwmni'r angylion.

6
Person Paris
Hanes gwraig yn Iwerddon yn y gwanwyn diwaetha' a fu farw o newyn wedi i'w chymydoges ei nacáu hi o luniaeth yng ngwystl ei dillad.

Clowch hanes gwraig ddiduedd am wneud trugaredd gu,
A chanddi hi roedd moddion, iaith union, yn ei thŷ;
Daeth ati hi gymdoges, mae'r hanes yma o hyd,
Mewn alar mawr dan wylo i dreio amser drud.

Ni fedde hon un llymaid na thamaid yn ei thŷ,
A phedwar o blant bychain yn llefain yno'n llu,
Yn crio i gyd gan newyn (on'd gerwin oedd y gwaith?)
Ac un yn fychan yno yn sugno, mawrdro maith.

Eu mam nhw gododd allan, yn egwan iawn ei nerth,
Heb feddu o fewn ei chaban nac arian chwaith na'u gwerth;
Hi gymre ei phais a'i ffedog, dyledog wraig dylawd,
Dan obaith cael amdanyn' mewn gerwin flwyddyn flawd.

Hi aeth i dŷ cymdoges, Iuddewes ddrwg ddi-Dduw,
I ddeisyf ei syberwyd i safio ei bywyd byw,
A'i dillad i'w rhoi'n wystyl yn syful am y saig
I aros trugaredde o rywle i dalu i'r wraig.

Y wraig ddideimlad honno er cwyno a'i nacaes,
Er maint a grefe hi yno dan wylo a lleisio yn llaes;
Ni chadd hi un briwsionyn, fe berthyn hyn ei bwys,
I safio ei phedwar plentyn rhag newyn dygyn dwys.

Y plant yn deud i'w gilydd, "Ein mam ddedwydd toc a ddaw,
Daw inni rhag marwolaeth â lluniaeth pur o'i llaw;
Cawn oddi wrth ei phais a'i ffedog yn fowiog iawn o fwyd
Fel na bom mewn eisie, a'n lliwie oll mor llwyd."

Eu mam ddôi'n fuan adre' heb gael gwerth dime ar dir,
Heb ddim i dorri eu newyn, bu'n erwin hyn yn wir;
Hi gymerth ei dyn bychan, modd breulan, at ei bron,
Gan newyn daeth marwoleth anhoweth toc ar hon.

Y wraig oedd anhrugarog yn gefnog deude i'w gŵr
Y modde y nacause y wraig ar siwrne yn siŵr,
A fuase am wystlo ei dillad, a'i lliw mewn llygriad llwyd,
Fel cowse ei phlant rhag eisie yn rhyw fodde ganddi fwyd.

Y gŵr, pan glowodd hynny, a gode i fyny'n fwyn
Ac aeth â lluniaeth iddi i dorri ei chyni a'i chŵyn,
Ond erbyn iddo fyned yn fwynedd i'w thŷ hi
Fe wele'r wraig yn farwedd a'r plant dan groywedd gri.

Roedd plentyn bach i'w sugno ar ôl iddi drigo draw,
Ar ôl iddi farw o newyn drwy niwed mawr a braw,
A'r gŵr yn gweiddi allan yn fuan yno fu
Nes codi'r holl gymdogion, modd tirion, at y tŷ.

Nhw aent â'r plant i'w porthi ac i'w digoni'n gu
A rhoddi eu mam drwy alar i bridd y ddaear ddu;
Y gŵr a fu ddicllonus am anghysurus saig,
Ei waith yn anhrugaredd mor ryfedd ar ei wraig.

"Gwyn fyd a fo'n drugarog", medd gwir Eneiniog ne';
"Bydd hwnnw i gael ei alw i hoyw loyw le;
Ceiff fod yn fendigedig nodedig wedi ei daith
A mynd i'r deyrnas dirion am ffyddlon wiwlon waith."

Peth drwg yw calong'ledwch didegwch, medd gair Duw,
Pedfase a'i porthase fe fuase hon yn fyw;
Yr Arglwydd a'n gwaredo rhag syrthio i ffasiwn sen,
I ado neb mewn newyn na niwed fyth, Amen.

BWB 341. Dafydd Jones, Trefriw, 1783.

Y cyferbyniad rhwng ymddygiad gŵr bonheddig a'i wraig pan ddaw mam dlawd ac anghenus i ddeisyf cymorth yw pwnc y faled hon a leolir rhywle yn Iwerddon. Y mae'r fam, er mwyn bwydo ei phlant, yn fodlon gwystlo ei hunig eiddo, sef ei dillad, ond ni chaiff unrhyw gydymdeimlad gan y wraig fonheddig a rhaid iddi adael yn waglaw. Pan glyw ei gŵr yr hanes, fe â ar ei union i chwilio am y fam a'i phlant er mwyn eu cynorthwyo ond erbyn hynny y mae'n rhy hwyr a'r fam wedi marw.

7
Ffarwél Ned Puw
Hanes Gaenor Hughes, yr hon sydd ers pum mlynedd a hanner heb archwaethu un math o luniaeth ond ychydig o ddŵr ac o lecin a gronyn o siwgr; nid yw'r cwbl mo'r llond cwpan de un waith yn y dydd.

Rhyfeddwn allu Brenin ne' a'i drugaredde a'i roddion,
Yn bur rinwedde, donie a dysg a dannodd e ymysg dynion;
Er pan greodd ef y byd, y glân anwylyd nefol,
Mae'n danfon byth i gry' a gwan ei fwyniant annherfynol;
Drwy'r dilyw dyfnderoedd pan foddodd e'r bydoedd
Wyth enaid fe a'u cadwodd, iach obaith, achubodd,
O'i wirfodd fo riwliodd i'r eilfyd;
Oddi wrth Pharo'n ddiogel achubodd blant Isrel
A'r tri llanc glân tawel a gafodd eu hoedel,
A Daniel o'r gafel a'r gofid.

Duw borthe Elias deg ei lun drwy allu'r aderyn diras,
Yr hwn oedd broffwyd uchel fri, un odiaeth ei gymdeithas;
Bendithiodd olew'r wraig dylawd a'i dyrnaid blawd cadarnedd,
Mawr wyrthie Duw ar bob rhyw dro, mae'r rhain i'w rhifo'n rhyfedd;
Fe borthe'r Gorucha' un Moses rymusa'
Dros saith wythnos cyfa' yn bur nid â bara,
O'i fowrdda efo manna yn y mynydd;
'Run moddion ein Meddyg, ei fab bendigedig,
Fu ddeuddeg dydd unig heb arno ddim peryg'
Heb ymborth, nodedig Oen dedwydd.

Nid trwy fara bydd byw dyn, rhoes Crist ei hun wir hanes,
Ond drwy ei air mewn gore rhôl ceir cinio nefol cynnes;
'Run Duw yw fe er dechre'r byd, mae'n para o hyd, un puredd,
Ni bydd ar ôl darfod daear ne' byth ar ei ddyddie ddiwedd;
A dyna'r Duw gore sy'n dangos ei wyrthie
Ers pump o flynydde i'r lodes lân fodde
A deufis mewn geirie o deg areth;
Gwir Frenin goleuni o hyd fu'n ei phorthi

Heb roi ond dŵr iddi'n garedig, gwir ydy,
A hwnnw sy i'w llenwi hi â llunieth.

Amhosibl iawn oedd iddi fyw heb allu Duw a'i wyllys
I weled mis yn mynd i ben uwch y ddaearen ddyrys,
Heb ddim ond llwyed bach o ddŵr a ychydig siwgwr ynddo
A llai na hynny o ddiod fain fydd i'r fun gain yn ginio;
Hyn yw ei phorth hynod un waith yn y diwrnod
Ond rhagluniaeth Duw'r Drindod sy i'w dirgel gyfarfod
A hynny sy heb wybod i bobol;
Ni ddichon yr ange mo'i chyffwrdd hi â'i gledde,
Mae'n cael o'r uchelne' fwyd nefol y seintie,
A hwnnw wnâi ei gene'n ddigonol.

Gaenor Huws yw henw'r ferch, mae Crist a'i serch tuag ati,
Mae'n ddrych i'r byd edrycho beth ac annwyl bregeth inni;
Y modd y mae'n ei phorthi hi considrwn ni mewn sadrwydd
A chydryfeddwn ar ein taith oreuglod waith yr Arglwydd;
Mae'n cael yn ysbrydol ffrwyth gwinllan gwlad nefol
A manna dymunol a dŵr bywyd bywiol,
Mae hon yn dragwyddol roi gweddi;
A chlod i'r un gore o deyrnas uchelne'
Am ddiwyd weddïe ar hwyr ac ar fore,
Mae 'fynte yn ei pharthe'n ei phorthi.

Fe ddarfu i'r Iesu, ei hannwyl frawd, ddwyn ymaith gnawd oddi arni
Fel na bo pan elo i'r llawr i bryfed fawr i'w brofi;
Gwanhaes y corff gystuddie ei nwy', câi'r enaid fwy o rinwedd
Fel y duwiolion aeth i'r ne' i blith y seintie sanctedd;
Er bod ei chorff hyfryd ar ddaear heb symud
Ym mhlas Arglwydd y bywyd mae ei henaid a'i hysbryd
Bob munud mewn gwynfyd trigiannol;
Lleferydd disgleirdeg sy o'i brest hi ar bob adeg
A'i thafod heb redeg, tu mewn i'w chorff purdeg
Mae lleisie dwys briwdeg ysbrydol.

Dyma fenyw, loyw le, sy'n cael y ne' ar ddaear
A'i chorffyn bach sy'n wael yn bod dan gysgod ange gwasgar;
Yn Llandderfel, daear deg, mae'r un ddisgleirdeg fwynedd
Ers pum mlynedd a dau fis, un Gaenor ddifis ddofedd;
Nis gŵyr ond Duw effro par' hyd y bydd hi eto
Yn ddrych i'n rhybuddio i dduwiol weddïo,
I'n treio ac i'n fforddio'n hoff urddas;
'Ran arni'n hynodol mae llaw Brenin nefol,
Mae'n bregeth dragwyddol i bob cyfryw bobol
A ddelo i odiaethol gymdeithas.

Mae hon yn wrthrych yn llaw Duw i bob rhyw gyfryw o ddynion,
A theyrnas Crist, ein Brenin ni, wych eiliw, yn llenwi ei chalon;
Mae'n byw yr awron rhwng dau le, sef daear a ne' dirion,
Pan ymddatodo'r babell hon ceiff fyned gerbron angylion;
Hon yn ei bywyd a gafodd ei symud
I Gaersalem gwynfyd at nefol anwylyd
Lle mae pob dedwyddfyd da addfwyn;
Yr Arglwydd Dduw nefol ro ymborth ysbrydol
I lawer o'i bobol, a'u dwyn nhw'n gystuddiol
'Run modd â'r 'difeiriol dda forwyn.

BWB 315. Dafydd Jones, Trefriw, 1779.

Dyma'r ail faled o waith y Cowper sy'n adrodd hanes Gaenor Hughes o Landderfel. Buasai'n ymprydio er tair blynedd pan ganwyd yr un gyntaf; y mae pum mlynedd a dau fis (pum mlynedd a hanner yn ôl pennawd y gerdd) wedi mynd heibio erbyn yr ail, gw. tudalen 34-5. Nerth Duw, meddir, a'i cynhaliodd cyhyd. Yn rhan gyntaf y gerdd rhestrir y rhai hynny a gynhaliwyd yn yr un modd, sef Noa a'i wraig, eu meibion a'u gwragedd hwy, sef yr wyth a achubwyd rhag y Dilyw (Genesis 7:7); yr Israeliaid a lwyddodd i ddianc o'u caethiwed yn yr Aifft; y tri llanc yn y ffwrn dân (Daniel 3:19–25); Daniel yn ffau'r llewod (Daniel 6:10–23); Elias yn cael ei borthi gan gigfrain, a chan fara ac olew'r weddw dlawd (I Brenhinoedd 17:1–7, 8–16); Moses yn ystod ei ympryd dros ddeugain dydd a deugain nos, ond saith wythnos yn ôl y faled (Exodus 34:28); a Christ yn yr anialwch yn ystod ei ympryd yntau, dros ddeuddeng niwrnod yn ôl y faled (Luc 4:2). Pwysleisir daioni a duwioldeb Gaenor, a'r modd y mae nid yn unig yn gweddïo'n ddibaid ond hefyd yn wastadol yn llefaru mewn modd gweddus ac ystyriol. Ailadroddir y geiriau 'drych' a 'pregeth' er mwyn dangos bod ei hymddygiad a'i hymarweddiad yn batrwm i bob un sy'n clywed ei hanes.

8

Duw Gadwo'r Brenin

Hanes dau a hedodd o Loegr dros wyth ar hugain milltir o fôr sef o Dover i Galis.

Clowch hanes ar draethod ar foddion rhyfeddod
A ddaeth drwy ddwys bennod o Sbaen,
A Ffrainc yr un modde a wnaeth yr un gwyrthie,
Nhw ddoent yn eu blode yn eu blaen;
Belŵn a ddyfeisien' i hedeg i'r wybren,
Yn llawen iawn rhodien' wrth riwl,
Yn gerbyd o'u deutu i'w cynnal i fyny
A'u tynnu, iawn 'nelu, drwy'r niwl;
Nhwy aent trwy Gaer Gwydion
[ ]
Lle nad oedd yn hynod un [ ] rhyfeddod
Nes dyfod dibendod y byd.

I fyny drwy'r awyr aent dros ddeuddeng milltir
Cyn dyfod yn eglur yn ôl;
Ymhen dwyawr drachefen i lawr y disgynnen',
I'r un man a ddeuen' i ddôl;
Bu fonedd Ffrainc 'nhwythe yn hedeg ar droee
I simio'r cymyle, cam waith;
Nid wy'n teimlo mo'u cyflwr wrth y Creawdwr
Sy'n farnwr o deimlwr i'r daith;
Bu Simon dwyllodrus a'r gwaith yn gydnabyddus,
Er hynny'n ddrygionus o hyd;
Ond Brenin y nefoedd o'i ryfig a'i taflodd,
Fe a'i cwbwl ddibennodd o'r byd.

Ond Lloeger gall agwedd a garie'r gorfoledd
Mis Ionawr, naws unwedd, yn siŵr;
Belŵn yn iawn lunien' ac ynddo fo heden'
I Ffrainc heb draws ddiben dros ddŵr;
'R ôl dyfod i Dover a deudyd eu pader
A mynd i'r bôl ofer belŵn,

A miloedd yn canfod, anfuddiol ryfeddod,
Mewn trallod a syndod a sŵn;
Nhw a'i llwythe fo'n helaeth ag elfen rheolaeth
I'w tynnu nhw at gowaeth y gwynt,
Ac yno prysurodd, i'r gwagle fo ymgododd,
Ni welodd rhai cantoedd ddim cynt.

Dau ddynion oedd yno yn hylaw'n ei hwylio
I dreio ystyrio am ystôr;
I'r awyr codason', at Ffrainc y daliason'
Yn union, traws foddion, tros fôr;
Nhw aethon' ar fyrder o olwg tre Dover
I uchder uchelder, trwch iawn;
Tu arall roedd Ffrancod yn fyrdd yn cyfarfod
Â mowrglod a doethglod eu dawn;
Roedd Lewis y brenin, gwŷr mawr a chyffredin,
Yn waetio, rhai dibrin, i dir;
Ar edyn gwynt milen odisa'r ffurfafen
Yn fuan nhw a'u gwelen' mewn gwir.

O'r uchel faith drafel nhw nesan' yn isel
Dan ddwad ar lefel i'r lan;
Gwŷr Ffrainc a brysure i ganu'r holl glyche
Yn uchel eu lleisie 'mhob llan;
Y brenin ordeinie roi'r canans a'r gynne,
A phob *music* tanne ar y tir,
I ganu clod iddyn', dro dirfawr, heb derfyn,
Na bydde neb ganddyn' mewn gwir;
Fe diwniodd pob musig o'u dwad heb beryg'
Drwy deyrnas yn unig mewn ainc;
Drwy Ewrop lawn cynnydd ni bu'r fath lawenydd
Cyn gystal ei ffrwythydd â Ffrainc.

Y brenin a ordre roi miloedd o bunne
I'r ddau ddyn glân fodde a da fyd
Am fentro mor uchel drwy'r tarth a thrwy'r awel
A chaffel eu hoedel o hyd;

Nhw ddoen' i dda ddiben wyth milltir ar hugen
Uwchlaw tonne milen y môr
Heblaw dwy o gyfri' o diroedd Ffrainc wedi,
Gwirionedd yw ystori, da stôr;
Cynhalied rhaglunieth a'u trefnodd yn heleth
I ddyfod yn lanweth i'r lan;
Fe allase Duw'r lluoedd eu dymchwel i'r moroedd,
O'i wirfodd danfonodd nhw i'r fan.

Ffarwél i wneud llonge ond hynny ar y tonne
Os pery'r fath droee faith dro;
Os hedan' mor gelfydd o deyrnas bwygilydd
Bydd hynny yn fawr g'wilydd ar go';
Nid rhaid wrth ddim seiri i wneuthur dim llestri
Na gynne, mae'n gyni go gaeth,
'Ran dalian' wrth hedeg yr holl adar glandeg,
Ni cheiff ffowler mwyndeg ddim maeth;
Y merched mawr benne, ar fyr heden 'nhwythe,
Sy'n gyflym eu troee 'mhob tre,
Â'u hesgyll cyflyma' nhw aen' i'r *East India*
O'r hawsa' yn un tyrfa i nôl te.

BWB 361B. Dafydd Jones, Trefriw, 1785.

Hanes y Ffrancwr Jean-Pierre François Blanchard a'r Americanwr John Jeffries a hedfanodd mewn balŵn hydrogen o Ddofr i Guînes ger Calais, pellter o wyth milltir ar hugain, ar 7 Ionawr 1785, gw. tudalen 31-2. Dyma'r tro cyntaf i unrhyw un hedfan dros y Culfor rhwng Lloegr a Ffrainc. Simon (pennill 2) yw'r swynwr a'r hudwr sy'n herio Philip yn Actau 8:9–25. Gwyddai Elis amdano ac am ei ymdrechion i ddefnyddio ei hud i hedfan, ymdrechion a arweiniodd at ei farwolaeth. Yn y pennill olaf cyfeirir at hoffter y merched o yfed te, ond disgrifir hefyd eu *mawr benne* oherwydd yr arfer o godi'r gwallt yn uchel nes ei fod yn ymdebygu i gwch gwenyn.

9

Cwynfan Brydain

Cân o drymder galarus am *Royal George* yr hon a suddodd yn ei harbwr gyda mil o bobl oedd arni, lle yr aeth tri chant o ferched i'r gwaelod a phlant gyda nhw.

Clowch alar clyche wylo, trwm gwyno, tra mawr gynnwr
Am lester cadarn dichlyn a sudde i'r goflin gyflwr;
Amdani hi mae colled a dwned am ei dynion
A newydd da sy o'i cholli y leni i'n gelynion;
Hi oedd yn llawn o arfe am fyned oddi cartre'
I roi dwys boene i longe Sbaen;
Ni bu ar fôr mo'i chystled na llongwyr cyn gowreinied
Am yrru bleiddied drwg o'u blaen;
Ow! *Royal George* gyflyma' drwy'r deyrnas a'r gadarna',
Hi oedd y fwya' ond un ar fôr;
Pob *battle* ar a ymladde mewn wyllys hi a'i enille,
Bu'n bur bob siwrne i'r Brenin Siôr.

Yr awr yr aeth hi i'r gwaelod roedd diwrnod prudd i'r deyrnas,
Sef gweled yno'n feirwon ei champion oll o'i chwmpas;
Rhai ddywed mai diofalwch, gwybyddwch, oedd ei boddi,
Ei gadael hi ar ei hochor i fwrw'r cefnor iddi;
Pedfase Duw'n ei gwylio ni allase'r môr mo'i thwtsio
Nac ei suddo hi yno'n siŵr;
Pur debyg mai gwaith pechod a bare i'r nefol Dduwdod
Roddi dyrnod iddi ar y dŵr;
Fe fuase hi a'i dynion mewn llawer mwy beryglon
Ymysg gelynion, fryntion fryd,
Nag oedd yr amser honno, ysywaeth cadd hi suddo
A'i departio o olwg byd.

Peth na fynno'r Arglwydd, da Lywydd, byth ni lwydda,
O achos digio'r Cyfion dialeddion aeth i laddfa;
Oherwydd pechod gwirfodd y boddodd hi, gwybyddwch,
Fel na chadd hi mwyach nofio ar ôl digio Duw a'i degwch;
Fe gafodd hir lwyddiant dros saith ar hugain pendant

O flwydde, deudant, ar y dŵr;
Hi oedd y llong gadarna' oedd gan y brenin pura',
A'r gyflyma' a'r sadia' yn siŵr;
Ow! *Royal George* oedd wisgi, a'r cowraint wŷr oedd arni
Sydd wedi boddi, c'ledi clir,
Ac nid ymhell mewn gyrfa ond yma yn ymyl cartra',
Moddion taera', ym min ein tir.

Tri chant oedd ynddi o ferched, roedd hyn yn flaened flina',
A dynne tonne'r cefnfor ar dymor o'r byd yma;
Ni achubwyd un ohonyn' o'r sydyn ddŵr arswydus,
Nhw gawsant yno drengi a'u llwyr ddibennu'n boenus;
Mae'r nefol Frenin cyfion yn gweled pob dirgelion
I lawr yn union o wlad ne';
Er ei fod E yn hir ei ymynedd fe ddaw i daro o'r diwedd
Heb un trugaredd gydag E;
Daeth help o law puteindra i suddo'r llester yma,
I ddigio'r penna' doetha' Duw;
Danfonodd wynt ar donne mewn ychydig o funude,
Gwnaeth fel na fydde neb yno'n fyw.

Pan oeddent ar ôl cinio heb neb am goelio o'i galon
Na chlowed yn ei ffroene ddim arogle drwg beryglon,
A chyn dau bedwar munud caen' symud o'r oes yma,
Aeth mil i lawr i'r gwaelod yn gafod yno yn gyfa';
Tri chant a ffoes oddi yno oedd ar y dec yn waetio,
Dan gyd-ddylifo doent i'r lan;
Yn ôl roedd deg o gantoedd drwy ange a'r dŵr a drengodd,
Oll yno foddodd yn y fan;
Roedd hyn yn olwg drymllyd i gymaint golli eu bywyd
Heb arnyn' glefyd ym min eu gwlad;
Mae amal heilltion ddagre i'w hannwyl geraint gore,
Mae i dade a mame'r briwie brad.

Mae'n golled fawr i'n brenin, sydd ben pob gwerin gwiwras,
Am *Royal George* a'i thegwch, cadarnwch oedd i'w deyrnas,
A cholli ei wŷr hwylusa' gadd am ryfela foliant,

Oedd gowraint am drin arfe, nhw ymladde dros ei lwyddiant;
Roedd hen lawenydd calon i bob un o'i ddrwg elynion,
Roedd ei golledion o i'w gwellhau
'Ran roedd y llong nodedig a'i hadmiral parchedig
Yn curo'r Ffreinig wŷr bob ffrae;
Yr Arglwydd a warchodo wŷr Siôr lle bônt yn morio
Rhag eto suddo i flin sen,
Ac ymgadw mewn gofalon rhag aflan drachwant creulon
I gyd 'run moddion oll, Amen.

BWB 332. Dafydd Jones, Trefriw, 1782.

Suddodd y llong rhyfel y *Royal George* yn Spithead yn Portsmouth ar 29 Awst 1782, a chollodd rhyw fil eu bywydau yn y drychineb. Byddai baled Elis Roberts wedi ei hargraffu rywbryd rhwng mis Medi a diwedd y flwyddyn, a byddai'r Cymry, felly, wedi clywed am yr hyn a ddigwyddodd yn sydyn iawn, gw. tudalen 26-8. Gresynir bod y Brenin Siôr (George III, 1738–1820) wedi colli llong rhyfel nodedig a chynifer o forwyr dewr a fuasai yn gymaint o ddraenen yn ystlys ei elynion yn Sbaen ac yn Ffrainc. Buasai'r llong yn fuddugol ym mhob brwydr y cymerodd ran ynddynt, ac *Yn curo'r Ffreinig wŷr bob ffrae.*

10
Cwynfan Brydain
Dyrifau newyddion sydd yn rhoi cywir hanes am ddychrynedig ddinistr a gafodd y City Lisbon oherwydd daeargryn.

Cyd-ddowch yn nes i wrando, dymuno rwy' drwy ymynedd,
A chymrwch eich rhybuddio dros dro cyn delo dialedd;
Am bechod, ffiaidd aflwydd, o law'r Arglwydd y daw mowrglwy,
Gwybyddwch fod Duw nefol hynodol yn ofnadwy;
Pur wir mai hir y tueddu i amryw ddynion bechu
Ond gwedi hynny fo dery'n dost;
Oni chymren' o'u drygioni eu rhybuddio gan Dduw Celi
Bydd drwm eu cyfri' a mawr eu cost;
Fe dâl, mae'n serten ddigon, â chosbedigaeth greulon
I bob rhyw ddynion, fryntion fryd,
'Run modd â Lusbon ffiedd a fwriwyd am ei chamwedd
I filain ddialedd, farwedd fyd.

Hon oedd yn *city* helaeth a phen y frenhiniaeth honno
Fel Llundain i'n gwlad ninne'n hardd gaere, gellir gwirio,
A byw ynddi roedd gwŷr gwycha' a sowndia' 'mhob marsiandaeth
Ac aur ynddi heb rifedi ac i'w llenwi roedd pob lluniaeth;
Bu honno'n llawn trigolion ac uchel blase gwychion
A llawn dynion beilchion, lownion lid;
Am bob aflendid ffiedd fo ddarfu i Frenin mowredd
Eu hunion gyrredd nhw yno i gyd;
Hi'n llawn o'r godinebwyr, puteinwyr, gwrywgydwyr,
Tyngwyr, rhegwyr, cablwyr cas;
Llawn oedd hi o bob rhyw ddryge a'u howddfyd a'u magase
Mewn aflan gastie, troee tras.

Am hir barhau mewn pechod yn y gwaelod Duw a'u gwele,
O'u gwaith yn dal mor gyndyn yn ddygyn ef a ddigie;
Ar ddydd Calan Gaea'n gyfan danfone'n anian yno
O'i ddwylo sydyn ddialedd, naws bruddedd, i'w sobreiddio;
Y ddaear gron a gryne a'u mân dai'n swrth a syrthie,
Fe sincie eu plase i'r dyfndere dwys;

Daeth atynt fyd dychrynllyd diymynedd am saith munud,
Yn adfyd blinfyd, penyd pwys;
Daeth sŵn maith mwy na tharane a'r ddaear ymagore,
Daeth tân yn fflame o'i hollte hi,
A'i hystrydoedd oedd mewn dychryn fel tonne'n gwingo tanyn',
Yn syrthio'n gregyn, serthaidd gri.

A'i phenaethied yn ffoi allan o'u plase gwiwlan gole
A'u tai nhw'n cwympio'n siwrwd am ben eu holl drysore,
A'r ddaear yn safnrythu ac yn milain lyncu miloedd,
Gollyngodd pechod ffiedd nhw'n daeredd i'r dyfnderoedd;
Och! olwg blin cystuddiol mynd wyth ddeg mil o bobol
I fyd tragowyddol uffernol dân;
Och! par' waedd, par' wylo oedd iddynt yr awr honno?
Nid oedd blasus gwrando cweirio cân;
Nid oedd fawr bleser llawen wrth orfedd hefo'r buten
Nac o'r aur lleden ddydd diben dwys;
Ni thale'r haearn gistie oedd lownion o drysore
Ddim mwy na bryche pan ddaeth pwys.

Fe ddarfu i'r Arglwydd santedd o'u mowredd eu cymeryd
A'u cyrraedd fel llu Cora i wasgfa, i odfa o adfyd;
Fel Sodom a Gomora i'r blina' a garwa' gerydd
Y cadd Lusbon am ei phechod yn hynod ei dihenydd;
Ni bu ers hir flynydde mo'r fath ddychryndod gole
Drwy ddialedde, poene pur,
Bod rhaid i'r brenin yno ffoi i ffwrdd heb ddim amdano
I rywle i ymguddio rhag mawr gur,
Gan sŵn y grynfa greulon, gan fflame tân a gwreichion,
Gan nade'r dynion, fryntion fryd,
Gan blant yn gwneud oer nade wrth golli'u tade a'u mame,
Drwy'r dychryn tosta' garwa' i gyd.

Rhai dynion wrth ffo i allan i'r meysydd gwiwlan gole
Yn syrthio am fyw'n annuwiol i ganol yr agene;
Y ddaear yn ei chryndod, oer bennod, a ddibenne
Bum mil o'i milwyr hynod oedd orfod byw dan arfe;

Rhai oedd yn gwneud oer leisie 'r ôl syrthio rhai llathenne
I ddyfnion hollte'r ddaear hon;
Ni welwyd yn ein hamser o achos anghyfiawnder
Mo'r fath drymder, brudd-der bron;
Wrth nerth y tân yn fflamio fe holltodd mynydd yno
Pan oedd hi'n suddo, hyn sy'n siŵr;
Nid oes hyd le bu Lusbon ac uchel blase gwychion
A'i mân dai tirion ond llyn dŵr.

Wel cymrwn ninne siampal a gofal yma am gofio
Y modd y gwnaeth Duw cyfion â'r trawsion anian yno;
Nid oes bechod nad oedd yno yn cael ei leicio'n lwcus
Nad ydiw fo yma'n Lloeger yn fwynber bleser blasus;
Os medd-dod a phuteindra, os mwrdwr a lladrata,
Fe a'i gwelir yma'n cael ei rym;
Os balchder a chybydd-dod oedd yno'n cael eu gosod
Y mae fe yma'n gafod, hyll amod llym;
Pa bechod sydd yn unlle nad yw fo yn 'r ynys yma?
Wel ofnwn gleddau diau Duw,
A gwyliwn gael yn helaeth ein dygyn daledigaeth
Am bob bariaeth yr ym ni'n byw.

Mae Duw ers hir flynydde i'n rhybuddio ninne'n union
Ac yn ceisio i'n troi rhag trwbwl, rwy'n meddwl, lawer moddion;
Mae disglair ole'r gogledd yn o ryfedd yn arwyddo
Er na welir undyn anhydyn fawr yn hidio;
Ac ar ein da rhoed heintie i arwyddo daw gofidie
Am hir gamwedde a dryge draw;
Ond gwyliwn ninne o dramgwydd fod awchlym gledde'r Arglwydd,
Union Lywydd, yn ei law;
Fe welwyd o'n cymdogeth dri haul yn t'wynnu ar unweth,
Roedd hynny ysyweth yn olwg syn;
Mae dialedd ymron dyfod oddi wrth y Brenin uchod
Oni cheisiwn gymod drwy Iesu gwyn.

Ow! Lloeger, paid â balchder a thrawster, eger ogwydd,
A'th ragrith sydd yn dryfrith yn lledrith ac anlladrwydd;

Os cefaist ti dros amser lân fwynder Duw a'i fendith
Ond gwylia am fyw mewn pechod a malltod y daw melltith;
Dylesit roi gweddïe yn aberth i Dduw'r uchelne'
Am gael ffrwythe'r yde o'i ras
Yn lle dilin balchder aflan a mynd wrth dy nerth dy hunan
Hyd lwybyr Satan cynnan cas;
Ni hwyrach am d'aflendid y cei di eto fod mewn adfyd,
Y daw mawr benyd am dy ben;
Wel cofia Lusbon ffiedd y syrthiodd i flin ddialedd
A Duw ro ymynedd iti, Amen.

BWB 95B. Amwythig.

Trafodir y daeargryn dinistriol a drawodd Lisbon ar 1 Tachwedd 1755, sef dydd Calan Gaeaf, a'r ymateb i'r drychineb yn y baledi Cymraeg uchod, tudalen 28-30. Fel hyn y crynhoir cynnwys cerdd Elis ar flaenddalen y llyfr: 'cowir hanes am ddychrynedig ddinistr a gafodd yn Sity Lisbon oherwydd daiar gryn fel ei roedd y plasau ar tai yn syrtho ben dra mwnwgl ymhen ei theyluodd, ag fel roedd yr ysdrydoedd yn cynhyrfu ag yn ymegor ar tan yn fflamio allan oi hagenau hwynt ar trugolion wrth ffoi allan yn syrtho ag yn disgun ir tan'. Yn y pennill olaf ond un cyfeirir at y tri haul a welwyd yn y ffurfafen yn Llansanffraid Glan Conwy tua'r un adeg, arwydd a ddehonglir yn rhybudd gan Dduw. Oni bydd pawb yn edifarhau ac yn newid eu ffordd o fyw, rhybuddia Elis *Mae dialedd ymron dyfod.*

11
Bellisle March
I'r parchedigion a'r clodfawr foneddigion haelionus a'r cyffredin ddynion sy a'u henw mwngloddwyr yn y gwerthfawr Fynydd Parys.

Deffro, awenydd, cynnydd caniad, agoriad rhediad rhwydd,
Iwsia'n unfryd dy gelfyddyd, ymsymyd at y swydd;
Mwyn ympiria ym Mynydd Parys mewn hwylus ddilys ddawn,
Man gwerthfawroca' drwy Ewropia o'r mowrdda, llowndra llawn;
Pwy gowntiwr yn y byd mewn ffigiwrs chwaith un pryd?
Nid oes un blaenor yn ein bordor eill brisio ei drysor drud;
Mynydd ydyw fo'n llifeirio lle mynno o'r llaeth a'r mêl
I borthi miloedd o genhedloedd, deg eurfodd, yn ddi-gêl;
Mae'i ddyfroedd iownfodd o yn troi haearn, gadarn go',
Yn gopor hynod, mae'n rhyfeddod ei glod a'i fowrglod fo;
Ei faint a fernir yn ddwy filltir a drefnir yn ddi-dra;
Mae'n werth cannoedd o filltiroedd o ffrwythlon diroedd da.

Nid oes un mynydd yn y gwledydd mor hylwydd ag yw hwn,
Mae'n fara i filoedd sy ar y moroedd ac ar diroedd yn ddi-dwn;
Daw'r Saeson gwisgi iddo i ymborthi a'r Cymry heini hedd,
Daw'r Sgotsmen difri a'r Gwyddel gwedi i borthi ei wisgi wedd;
Cadd pob rhyw grefftwr byd ohono eu hamal bryd,
Cadd ffermwyr cryno eu rhent cyfyrdo ohono am ei hyd;
Clod, clod yn ddifis i Fynydd Parys, fo fildiodd drefnus dre
Rhag gwynt a thonne a'r porthladd gore i gadw'r llonge i'w lle;
Ceffyle da sy i'w gôr i gario ei furie i fôr,
Gwageni cryno, trolie i lwytho i ystyrio am aur ystôr;
Mae rhan perchennog i *earl* nodidog, brawd enwog marchog Môn;
Am Huws ac ynte, ŵr glân ei fodde, dwys eirie byth, bydd sôn.

Un Williams fwynlan o Lanidan, da'i amcan, cyfan call,
Fe wnaeth reolaeth i'r gorchwyliaeth, mae'n beniaeth yn ddi-ball;
Da am gyntreifio i'r fan lle delo, mae rhan ohono i hwn,
Am bob trefn burwych fe sy'n edrych, y dewrwych ŵr di-dwn;
Stewardied, synied sôn, gwŷr doetha' i'r fan lle dôn',
Un Huws fwyneiddia' a henwa-i gynta', y brewar mwyna' ym Môn;

Stufn Roose sydd rasol ŵr synhwyrol yn riwlio'r bobol bur,
Ac un Johnathan Roose fwyneiddlan sy'n ben ar wiwlan wŷr;
A Richard Benett sydd ac William Hughes heb gudd,
[ ] Richard, un pur rasol, dedwyddol rai bob dydd;
Pob un sy ar gyhoedd yn feistradoedd ar y lluoedd sy yno'n llawn,
Golygwyr dedwydd y gwaith newydd mewn hylwydd ddedwydd
ddawn.

Mae un Johnathan Roose fwyneiddlan yn wiwlan yn 'r hen waith,
John Steel un pura' a Bridgh ŵr haela', John Burn ŵr doetha' ar daith;
Dyma'r cannaid lân benaethiaid sy a'u ymddygiad yno'n ddoeth,
Sy'n casglu beunydd ffrwythe'r mynydd, werth celfydd, o'r aur coeth;
John Jones sy i'w gofio'n awr sy'n trin ceffyle mawr,
Sy'n ben ar drolie a chêr ddichware i gario i longe i lawr;
Yr holl rai eilweth o'm cydnabyddieth yn berffeth yno y bôn'
Mewn braint ddedwydd a llawenydd yn riwlio'r mynydd 'Môn;
Hir oes i'r rheini ar dir a bywyd hyfryd hir,
O'r mynydd pura' caent eu gwala o'r bara gwyn a'r bir;
Mae yno weithwyr a dysgawdwyr, mae'n eglur iawn y nod,
Cowreinia' o rinwedd sy 'ngwlad Gwynedd, eglurwedd iawn o glod.

I'r mwynwyr manwl clod dauddwbwl, da feddwl, sy 'n y fan,
Sy'n gweithio'r copor, irdeg ordor, boed rhagor yn eu rhan;
Am feiners Amlwch, eurfwlch iredd, mae puredd sadwedd sôn:
Rhain yw'r gwŷr glana' parod pura' a gariodd fowrdda i Fôn;
O waith y rhain yn awr mae gwastad farchnad fawr,
Aeth llan bychan yn dre burlan a gwiwlan, deg ei gwawr;
Os pery yno y gwaith cyfyrdo i ystyrio mor dda ei stôr
Gwnaen' yno'n ufudd ddinas newydd o'r mynydd 'dat y môr;
Nid oes yn Lloeger gron, na Ffrainc na Sbaen gerbron,
Ddim mwy rhyfeddod mewn byr amod, sain hynod, nag sy 'n hon:
Gweled mynydd yn llawn cynnydd a'i barwydydd oll yn bres,
A'i ddŵr yn toddi yr haearn gwedi sy'n llenwi yno er lles.

Clod fyth i'r didwyll ddynion dedwydd sydd yn y mynydd mŵn,
Rhain yw'r bobol sydd barodol ym mhob amserol sŵn;
Rhwydd y gwarian' aur ac arian lle deuan nhw i dŷ;

Mae meinars mwynion fel bonddigion mewn moddion cyson cu;
Nhw weithian', fawr a mân, a chyflog gwych a gân',
Gweithwyr Mynydd Parys ddedwydd, mae'u clod drwy'r gwledydd glân;
Hir oes i'r gofaint, rai teg ufudd, a'r celfydd seiri coed,
[ ], rhyw fowredd da di-foed;
Pob cariwr, gyrrwr gwiw, hir fywyd iddyn' fyw,
Rhwydeb gore i nôl trysore i'r llonge teg eu lliw;
Byth y bo cynnydd i'r aur fynydd, da beunydd delo i ben,
Ac amal chwyddo wnelo eu heiddo rwy'n llwyr ddymuno, Amen.

BWB 351A. Dafydd Jones, Trefriw, 1784.

Lluniwyd mwy nag un gân i Fynydd Parys ac i'r mwynwyr a oedd yn gweithio yno, ond y faled hon gan Elis Roberts yw'r gynharaf, gw. tudalen 32-4. Cyhoeddwyd 'Cerdd newydd yn dangos allan odidawgrwydd a medrusrwydd mwyngloddwyr Mynydd Paris' Joseph Jones yn 1823, a daeth 'Cerdd y Copor Ladis', hithau, gwaith awdur anhysbys, hefyd yn boblogaidd. Yn y faled hon enwir y tirfeddianwyr, sef teuluoedd Plasnewydd a Llys Dulas, ynghyd â rhai o'r stiwardiaid a'r asiantwyr. Mwynwr profiadol o Swydd Derby oedd Jonathan Roose (pennill 3) ac o dan ei arweiniad ef y datblygodd y cloddio yn ystod y blynyddoedd cynnar, gw. A. H. Dodd, *The Industrial Revolution in North Wales* (Cardiff, 1971), 152–60. Erbyn diwedd y ganrif yr oedd 60 tafarn a mwy yn Amlwch yn disychedu'r mwynwyr ac yn eu plith y Miners Arms, Jolly Sailor a Bull's Head. Yr oedd yno fragdy hefyd erbyn 1784 ac yr oedd Michael Hughes, brawd iau Edward Hughes, Llys Dulas, ymhlith y cyfranddalwyr. Ef, fe ddichon, yw *Huws ... y brewar* (pennill 3), gw. John Rowlands, *Copper Mountain* (Anglesey Antiquarian Society, 1966), 135–6. Bu'r bardd Dafydd Ddu Eryri yn gweithio yma am ysbaid, ond nid oedd ei atgofion ef, ysywaeth, yn rhai melys. Fel hyn y disgrifiodd y lle:

Crinlle crynllyd cryglyd cas – ail ydyw
I lidiog ffwrn atgas;
Beth ond tân a brwmstan bras
Sy heddiw'n rhostio Suddas?

12
Monday Morning
Cerdd ar ddull ymddiddan rhwng Lloegr a'r America mewn perthynas i'r gynnen ddiweddar a fu rhyngddynt.

A Ow! Brydain bur iaith sy'n faith i'n difetha, tyn laddfa tan lid,
Gwneud brad ar eich brodyr, digysur i gyd.
Ll Eich gwaith chwi, America, sy'n benna', 'n syn beunydd, yn
w'radwydd di-ras,
Yn erbyn eich brenin, on'd trablin y tras?
A Ei addewid e a'n gyrrodd, traws fwriad, tros foroedd
Trwy roddi inni diroedd mewn rhwyddfodd yn rhad,
A ninne trwy boeni am les aeth i arloesi
Draw drosodd i'r drysni, trwm g'ledi, o'n gwlad,
Ac rŵan am wneuthur yn brysur ein brad.
Ll Wel gwaith eich drygioni na thalech chwi drethi
Yw'r dotiens, a'r diwti, sy i'ch torri chwi o'r tir;
Cewch eto inni os telwch yn addas lonyddwch,
Os tyner cytunwch cewch heddwch yn hir;
Troi'n erbyn eich brenin tro gerwin mewn gwir.

A Eich addewid oedd dda: rhoi'r America inni am ei arloesi yma'n
wlad
Heb yn eich bryd gwedi mo'i rhoddi hi'n rhad.
Ll Roedd gymwys i chwi (fel ni) roddi'n ufudd i'ch llowydd er lles
Ufydd-dod o'ch gwirfodd mewn rhywfodd yn rhes.
A Ufydd-dod a roeson a theyrnged talason
A'n llongau llwythason o foddion i fyw;
Ni gafodd gaethiwed a'n gorchwyl yn galed
Dan berigl yr Indied, eu gweled nid gwiw,
Rhain oedd yn gas greulon, daer ddynion di-Dduw.
Ll Y brenin a yrrodd, da reswm, lu drosodd
A'r rheini yno ymladdodd, a'ch cadwodd rhag cur;
Am gael eich gwaredu o ddwylo rhai felly
Da dylech chwi dalu, mae'n gweddu, fel gwŷr,
Am eich dwyn o law'r Indied, barbaried di-bur.

A Buase harddach i'r rhain a'u sain anghysonedd, nid gweddedd, ein gwadd
Na dyfod o'n brodyr i'r llwybyr i'n lladd.
Ll Par' gomffordd i'n gwedd drwy fowredd draw forio, ymdeithio mewn dysg,
I gael ein amdwyo a'n mwrdro yn eich mysg?
A O waith nad oedd digon o feddi gwael foddion
Yn Lloeger a'r Werddon dygason i gyd
I feirw trwy dristwch i annelwig anialwch;
Nid oes inni heddwch, Ow! bernwch chwi'r byd,
Mae tosti caledi a'i brofi yn ei bryd.
Ll Eich drwg feddwl eich hunen a wnaeth y gynfigen:
Nacáu ymostwng i Fryden yw diben y dig
Na derbyn rheole y Parlament ynte
A wnaeth godi arfe i orfod eich brig;
Ymysg y fath ddynion pendrymion pwy drig?

A Gwŷr Parlament danfonent i fyny i'n barnu ni â byd
Trwy ryfel ac ymladd a hir ladd o hyd.
Ll Dyna'r farn sydd i'r anufydd anafus yn gymwys i'w gael
Na ostyngo i awdurdod hoff hynod heb ffael.
A Pe cawsen ni yrru o America i fyny
Ddau ŵr i'r dadleudy i'n barnu ni'n bur,
Nyninne safasen i'r hyn orchmynasen',
I ryfel nid aethen, nis cawsen ddim cur,
I wneud ein diweddiad na gweled mo'ch gwŷr.
Ll Rym ninne, gwŷr Lloeger, mewn galar a thrymder
Eich bod mor ysgeler, hyll eger, i'n llu
Yn codi'n ddisgethrin yn erbyn eich brenin,
I'n llarpio ni'n erwin mawr fyddin a fu,
Ond eto daw Lloeger deg rwyddber yn gry'.

A Na hydera yn dy nerth, sain anferth, sŵn ynfyd hyll enbyd y llu,
Mae gair yr ymlygri er hynny dy hun.
Ll Heddwch sydd well, er cymell, cu amod, ymddatod o ddig,
Rhag ofn mai gelyniaeth aflonydd a drig.
A Trwm iawn gennym ninne oedd gweld eich gwynebe,

Ein ceraint a'n care mewn arfe mawr nerth;
Mae'n wynfyd i'r Indied dig'wilydd ein gweled
Yn cael ein diweddiad mawr galed mor gerth,
Mae'n fwrdwr anafus, arswydus a serth.

Ll Pe cawsen ni fyned i ladd rhyw estronied
Ni buasen ni'n gweled mor galed y gwaith,
Yn lle lladd ein cyd-frodyr, mae hyn yn fyd tostur,
Yn gefndryd, cyfyrdyr, mae'n fwrdwr rhy faith,
Ac hefyd 'run grefydd, ran ufydd, 'run iaith.

BWB 224. Thomas Huxley, Caer.

Yn 1765 y sefydlodd Thomas Huxley ei weithdy argraffu yng Nghaer. Y mae lle i gredu bod y gerdd hon wedi ei chanu yn ystod y blynyddoedd rhwng 1765, pan ddechreuodd y berthynas rhwng Prydain a'r Trefedigaethau yn America ddirywio, a 1776 pan lofnodwyd y Datganiad Annibyniaeth, gw. tudalen 35-8. Efallai ei bod yn ymateb i'r gwrthdaro rhwng y fyddin Brydeinig a'r Americanwyr yn Lexington a Concord yn nhalaith Massachusetts ar 19 Ebrill 1775. Clywsai swyddogion y fyddin fod yr Americanwyr yn hyfforddi ac yn crynhoi arfau, ac anfonwyd milwyr i Lexington ac i Concord i chwilio am yr arfau hynny a'u meddiannu. Daeth milwyr y ddwy ochr wyneb yn wyneb yn Lexington a dechreuwyd saethu er na wyddys pwy a daniodd yn gyntaf. Lladdwyd wyth o Americanwyr. Yn nes ymlaen y diwrnod hwnnw, cafwyd gwrthdaro pellach ar bont Concord a lladdwyd milwyr o'r ddwy ochr. Cyhuddiad pobl America ym mhennill cyntaf y faled yw bod Prydain wedi *Gwneud brad ar eich brodyr* trwy ymosod arnynt. Lluniwyd y faled ar ffurf ymddiddan. Rhoddir cyfle i'r ddwy ochr fynegi eu safbwynt ac o ganlyniad cafodd y Cymry gyfle i glywed ac i amgyffred achosion yr ymrafael. Gwelir mai pobl America sy'n cael y gair cyntaf ym mhob pennill. Y mae pwyslais arbennig, felly, ar eu dadleuon hwy. Un arall a gyflwynodd ddadleuon y ddwy blaid oedd Huw Jones o Langwm. Yr hyn a wnaeth ef oedd llunio dwy gerdd wahanol, y gyntaf yn mynegi safbwynt Lloegr a'r llall yn ymateb ar ran pobl America, gw. *Detholiad o Faledi Huw Jones 'llymgi penllwyd Llangwm'*, gol. Alaw Mai Edwards ac A. Cynfael Lake (Aberystwyth, 2010), cerddi 7–8.

13
Toriad y Dydd
Cerdd o gwynfan a galar yr holl dobacwyr a'r trwynau snisin yr hwn a godwyd yn ei bris o achos gwrthryfel yr Americaniaid a Lloegr.

Clowch alar pob tobacwr o waith cynnwr 'Merica,
Wrth drin y rhyfel milen hwy sathren' ddeilen dda;
Ac Ow! na buase bosib i gael ei hachub hi,
Mae'r awron o'i achosion rhwng dynion greulon gri;
Ow! 'r hen dobaco bach a wnâi gynt galon iach,
Ar ôl ei fwynder hyd yr amser fe gria lawer gwrach;
Ow! 'r cetyn melyn mwyn oedd gynt yn twymno ei thrwyn,
Yn iach bibelled, mae rhyw wyllied o ddiawled wedi ei ddwyn;
Mae'n galed iawn bob pryd, dwy ffioled eiff o ŷd
Cyn prynu heno chwarter cryno o dobaco, tosta' byd;
Gan weithwyr, crefftwyr croch, yn iach weled lwmp o foch
Nac un costowci mawr didd'ioni yn poeri gwedi yn goch.

Bydd rhyfel mawr ar fyrder yn Lloeger, deuda-i yn llawn,
Ni sefiff un priodas mewn addas urddas iawn;
Os bydd un gŵr o'r fro am sugno'r ddeilen sur
A'r wraig yn brin o'i snisin, bydd cyfyn' iawn eu cur;
Y gŵr yn gwneuthur gwefle noe, yn synnu o eisiau joe,
Yn dondio yn chwerw y diawlied heddiw [ ];
A'r wraig a iwsia'r llwch, yn waeth ei threfn na'r hwch,
A'r plant yn crio a hithe'n chi[ ] a blino yn gwyro'r blwch;
Y gŵr am guro â phric a'r wraig am neidio i'r wic,
Y gŵr yn damnio am dobaco a'r wraig yn gwaetio am gic;
Y wraig yn rhwbio ei thrwyn yn ddigon llwyr anfwyn
O eisiau disyn o'r ysnisin, a chethin fydd ei chŵyn;
A'r gŵr oedd a'r bibell wen yn bastwn yn ei ben
Heb feddu chwiffied efo ei lymed, cyn brudded â hen bren.

Mae llawer henwraig gryno a fydde yn gardio gynt
A'i chetyn rhwng ei gwefle, a haedde glod ar hynt,
Yn gwneuthur purion rholie i'w nyddu ar droelle draw,
Ond o achos hyn o gynnen hi aeth yn faeden faw;

Pan aeth tobaco yn ddrud hi ffaeliodd drin y byd,
Mae wedi fecsio a llamhurtio, yn bloeddio a hoetio o hyd;
Ow! 'r hen dobaco bach, pe cawn i loned sach
Ohono fo unweth cyn marwoleth, cynhalieth odieth iach!
Ac yna ar lawr ei thŷ hi lyfa'r cetyn du,
Pan glowe ei arogle hi wyle'r dagre wrth gofio ei fodde a fu;
Pan oedd o'n bwrw ei fwg nid oedd dim araith ddrwg
Na dim yn blino'r fodryb honno i'w hiwsio i gario gwg.

Mawr ryfel Americanied, Och! glafed yr ymglodd,
I'n rhwystro i gael y ffwgws promodws, pura' modd;
Ow! beth a ddaw ohonom tra byddom yn y byd?
Yn iach ddiddigrwydd inni i gaffael profi un pryd;
Aeth hyn yn rhyfel croch, un fath â chŵn a moch,
Heb ddim snisin mewn ffroen gyfyn' na phoeryn cethin coch;
Oni ddaw'r tobaco i'w le rhaid mynd o lan a thre,
Huw nad yn bentwr eiff â'r siwgwr dan gynnwr gydag e;
Gweddïwch efo ei reis am gael o'r gwragedd neis
Ac am dobaco ceisiwch hwylio drwy forio mewn dyféis,
A chwiliwch yr holl fyd a'i gongle oll i gyd
I gael tobaco er dim a fytho cyn delo traenio drud.

BWB 296. Dafydd Jones, Trefriw, 1776.

Yr helyntion rhwng Prydain ac America a arweiniodd at y Rhyfel Annibyniaeth yw cefndir y faled hon, gw. tudalen 35-8. O America, ac o Virginia yn benodol, y byddai'r tybaco yn cael ei fewnforio. Pwnc y faled hon yw'r prinder sydd wedi ei greu oherwydd y trafferthion, ac effaith y prinder ar y rhai yng Nghymru a oedd mor ddibynnol arno. Yn wir, rhagwelir y bydd y prinder yn arwain at ryfel rhwng gŵr a gwraig yma ym Mhrydain. Y mae'n amlwg fod y dynion a'r merched fel ei gilydd yn defnyddio tybaco. Dywed Elis y bydd hyd yn oed yr hen wraig a fyddai'n gardio, yn cribino gwlân, ac yn nyddu, ac yn ysmygu yr un pryd, ar goll heb dybaco: *Pan aeth tobaco yn ddrud hi ffaeliodd drin y byd, / Mae wedi fecsio a llamhurtio, yn bloeddio a hoetio o hyd.*

14
Barnad yr Heliwr
Cerdd i heliwr i ŵr bonheddig oedd wedi colli ar yr eira mawr, a bu gynnwr erchyll yn chwilio amdano, ac o'r diwedd fo'i cafwyd yn nhŷ rhyw gymdoges, wedi bod yno ddau ddydd a thair nos.

Clowch hanes a chwynion, bu chw'su o'r achosion,
Oer gywilydd i'r galon am foddion a fu;
Rhyw heliwr godidog i bennaeth goreurog
Oedd odiaeth weinidog calonnog i'w lu,
I'r dref yr aeth, dro ofer iawn, ac aros yno dan byrnhawn
Nes cael llwytho ei fol yn llawn, mae'n gyfiawn ei gofio;
Ar ôl mynd yn llond ei glos trafaelio'n ffest dros fryn a ffos
A'r manod ym min y nos, hyll achos, yn lluchio.

Dechreuodd chwyrn gerdded a'r lluwch yn ei lyged
Ar ôl cymryd cwpaned a'i lymed yn larts;
Er cymaint a luchiodd yr heliwr a hwyliodd,
I'r daith fo rwydd dithiodd, ni fisiodd mo'i farts;
Ymhle disgynnodd, eurfodd iaith? Yn nhŷ comones, loches laith,
Y fan lle buase lawer gwaith am noswaith mewn eisio;
Hon a gynheuodd iddo dân i ddadmer traed yr heliwr glân,
Ar ôl swperu i'r gwely'r ân', rhôi'r dynan hon dano.

Ac yno bu'r c'weirio yn bowdwr heb beidio
A'r drws a gâi'i dresio a'i laenio gan luwch;
Ni welent y bore ddim golwg ar unlle
Gan luchfa hyd y simne, mae'n ole, neu'n uwch;
Fe arhosodd yno bart o'r dydd a'i wraig ei hun a'i bron yn brudd
Dan ddeudyd, "Ow! fy mhriod sydd, tyn arwydd, tan eira;"
Dechreue'n sydyn hel ei chêr, a'i hwyneb oedd 'run lliw â'r gwêr,
Dychrynu a synnu dan y sêr gan ingder cyfyngdra.

A'r sgweier godidog a gododd lu enfog
O bobol galonnog alluog i'r lle
I ruglo'r holl eira o amgych ei drigfa
A chwalu pob lluchfa yn gyfa efo ag e;
Roedd yno dros wyth ugain llaw, a phawb yn cario caib neu raw,
Yn fawr eu chwys a'u brys a'u braw yn rhofio draw'r eira:
Pob un mewn eira hyd at ei wasg, mor chwyrn â theiliwr ar nos Pasg,
Yn gethin dynn yn gweithio ar dasg mewn mowrdasg am wrda.

Rhai'n ceibo, rhai'n rhuglo, rhai'n siarad, rhai'n curo,
A'r bytheiadgwn yn udo ac yn gwaetio am y gŵr;
Roedd disgwyl, gair garw, gwaedd fonllef a'i hwchw
Am gael y corff marw gwan salw yno'n siŵr;
Gwaedde un am fenthyg march i chwilio am saer i wneud ei arch,
I gael rhoi'i gorff yn fawr ei barch, dihafarch da hefyd;
Ac yno daethant at y tŷ efo'r helgwn, lymgan lu,
Lle'r oedd yr heliwr, carwr cu, 'n ei wely efo ei nwylyd.

A'r cŵn wrth eu ffroene a glowsant ei 'rogle,
Dechreuant wneud nade ar droee 'n y drws,
Ac yno'r gyn'lleidfa a chwalodd yr eira
Dan ddondio yno'n benna', wŷr howsa', roi'r hws;
Fe neidie'r ladi i lawr y tŷ, dechreue'n groes chw'rnu'n gry',
"Par' achos oedd i'r ffasiwn lu ymdynnu am ddwad yno"?
Tyngu a rhegi yn fawr ei gwŷn na welse hi mo'r ffasiwn un,
A 'nhwythe ymwthiant bod ac un i'w chanlyn i chwilio.

O'r diwedd 'rôl dywad nhw gaent y gŵr anllad
Dan gaere ei wen gariad â llygad fel llo,
A hithe oedd yn rhegi na thowtsiodd ddim arni
Er ei fod yn ei chwmni, trueni oedd y tro;
Fe redodd allan, anian ŵr, i oeri ei din, i eira a dŵr,
Drwy luchfa sownd fo âi i lechu'n siŵr yn bowdwr i'r beudy,
A than y gwellt fe ymwthie'n brudd i gael o'u golwg fod yn gudd
Rhag ofan gweled gole dydd gan g'wilydd heb gelu.

Dros ddwybunt a gostiodd am ddiod y lluoedd
Amdano fo chwiliodd drwy chwalu'r holl iâ
'Blaw talu iddo ei gyflog a bod wrtho'n drugarog –
Ei feister fu'n rhowiog godidog o'r da;
Ei wraig gadd arwa', tynna' taith, i hon roedd colled am ei waith,
Am ladd ei gariad, garw yw'r iaith, mewn alaeth mae'n wylo;
Ni phaid hi 'rhawg â rhegi'r hŵr ddu eger goeg a ddyge'r gŵr,
Ni châi pe galle, 'n unlle'n siŵr, tu yma i'r dŵr dario.

Ac ynte oedd yn llechu yn nhaflod y beudy
Heb fedru'u gwynebu, 'r ôl caru dôi cur;
Am fwynder y feindw' trôi'r melys yn chwerw,
Bu'n saledd ei sylw, 'mron marw, wrth y mur;
Er llechu dan grynu ei groen, i chwilio amdano yno doen',
Ac un bytheiad wrth ei ffroen, cul hoen, a'i canlynodd;
Ac yno caed o gan y ci, yn ŵyl ei fron, yn wael ei fri,
Mor ddigred, mawr oedd ei gri gwedi pan gododd.

Wrth drymed y treial geill hyn fod yn siampal
I eraill ymatal rhag magal ddrwg merch,
Ond cofio am yr heliwr, bu goflin ei gyflwr,
Fe gafodd gryn fwstwr am siwgwr ei serch;
Am hynny ymgosbed pob rhyw un sy'n perchen gwraig o'i eiddo ei hun,
Nad aed byth i borthi gwŷn mewn eira â mun arall;
Colli'i gred, gryfa' gras, sy air lled flin, surllyd flas,
Mae gwarth a gw'radwydd, c'wilydd cas, yn sengi ar was angall.

BWB 279. Richard Marsh, Wrecsam.

Byddai'r awdur yn fynych yn dewis alaw a oedd yn berthnasol i'r cynnwys. Hanes heliwr sydd yma, a phriodol felly oedd dewis yr alaw 'Barnad yr Heliwr'. Nid yw'r heliwr yn marw ond y mae'n wynebu cryn anghysur yn yr hanes a adroddir.

Yr oedd galw mawr am gerddi a gofnodai droeon trwstan, yn enwedig os oedd a wnelo'r digwyddiad dan sylw â'r berthynas rhwng dynion a merched. Y mae yna linell storïol gref yn y cerddi hyn fel yn y cerddi yn seiliedig ar ddigwyddiadau cyffrous ac amlygir dawn yr awdur wrth adrodd stori mewn dull gafaelgar. Y mae'r heliwr sy'n destun y gerdd hon wedi bod yn y dref yn gloddesta ac y mae ar ei ffordd gartref trwy eira mawr. Caiff ei ddal yn y lluwch a chaiff loches yng nghartref *comones*, putain neu wraig lac ei moesau. Ond yr oedd yn gyfarwydd â'i chartref; buasai yno sawl gwaith cyn hynny yn bodloni ei chwant: *Y fan lle buase lawer gwaith am noswaith mewn eisio.* Yn y cyfamser y mae ei wraig gariadus yn poeni yn ddirfawr amdano, *a'i hwyneb oedd 'run lliw â'r gwêr*, ac y mae'n benderfynol o fynd i chwilio amdano. Caiff gymorth y sgweiar sy'n cyflogi ei gŵr, ac ymhen dim y mae torf o ddeugain yn palu trwy'r eira ac yn chwilio amdano. Cŵn yr heliwr sy'n arwain yr achubwyr at y tŷ; y mae ffyddlondeb y cŵn yn wrthbwynt i anffyddlondeb yr heliwr. Ceir disgrifiad godidog o'r heliwr pensyfrdan *â llygad fel llo* pan ddeuir o hyd iddo yng nghartref y butain. Pan sylweddolwyd ei fod yn ddiogel ac uwchben ei ddigon, ymateb cyntaf yr achubwyr a fu'n rhofio trwy'r eira i chwilio amdano yw bygwth rhoi crasfa iddo. Cymaint yw ei gywilydd y mae'n rhedeg i guddio dan bentwr mawr o wellt yn y beudy ond unwaith eto ni all guddio rhag ei gŵn ffyddlon. Parodd ymddygiad ei gŵr siom i'r wraig, ond y ddynes a gynigiodd lety i'r heliwr, *yr hŵr ddu eger goeg*, sy'n profi'r gwaradwydd mwyaf a'r feirniadaeth bennaf. Ei hymateb cyntaf hi oedd mynnu nad oedd yr heliwr yn ei thŷ: *Tyngu ... na welse hi mo'r ffasiwn un*, a phan ganfyddir yr heliwr, maentumia na ddigwyddodd dim: *A hithe oedd yn rhegi na thowtsiodd ddim arni.* Ar ddiwedd y faled awgrymir na fydd croeso iddi mwyach yn y gymdogaeth am iddi ddenu'r gŵr priod i'w gwely. Rhybudd Elis Roberts wrth gloi'r faled yw y dylai pob gŵr priod ymatal rhag efelychu'r heliwr. Gwaradwydd, meddir, yw unig ganlyniad anffyddlondeb a chwant.

15
Crying Windsor
Cerdd o goffadwriaeth am garwriaeth a fu rhwng gŵr gwreigiog o blwy' Eglwys-bach a merch tafarndy o blwy' Abergwyngregyn.

Clowch hanes, clych hynod, gŵr priod sy'n praeo
Gwawr ore am garwrieth i'r daleth lle delo;
Wrth iddo fo fyned am ddefed yn ddifyr
I ffair i Lanllechid, ond odid y deudir,
Tros Dal-y-cafn yr âi'r llafn er lles,
Bu ym mhentre' y Ro yn rhuo rhes;
Troi'i fynwes ar i fyny tros Fwlch Ddeufaen loywddu,
Yn Aber fo ddynabu, clowais hanes hynny,
Rhyw ddrws tafarndy, fwyngu fan,
Mewn gore lle ar gwr y llan;
Disgynnodd yno i faetio am fwyd dan guro'r llawr am gwrw llwyd;
Danfonwyd gan ryw feinwen bob peth a'i gwnâi fo'n llawen;
Chwenychu wnaeth drachefen, wrth ei gweled hi mor groenwen,
Gael y fargen gan y ferch dan garu'n siŵr mewn gore serch.

Dechreue ei gwefl synian am gusan a'i gosod
A ch'weirio ar ei gwefle a chware at ei gwaelod;
Gwthio ei law ddethe at ei bronne, ŵr breiniol,
A hithe yn ei ddondio fo i beidio yn wybodol
Dan ddeud, "Rhag c'wilydd, sadrwydd siŵr,
Ni chewch un naid a chwithe yn ŵr;"
Fe droes yn dyngwr garw ei fod er trimis yn weddw,
I'r felin yr âi fo i alw, a rhôi'r melinydd hwnnw
Iddo yn hoyw y gloyw glod
Heb ddadwrdd fawr ond deud ei fod;
Bodlone'r ferch pan glowe heb nam, a'r lwc oedd fwy fe leicie'r fam,
Ac yno yn ddinam gwedyn i'r parlwr yr aen' yn sydyn,
A'r henwraig a gaeodd arnyn' i'r ferch gael treio ei ffortun
I blesio'r dyn â'r tyddyn tir a'i addewidion gwiw am ddeud y gwir.

Ac yno bu brolio a rorio carwrieth
A ch'weirio at ei dirgel a chwarae yno deirgweth;
Bostio yno ei wartheg â'r waneg erwinol
A'i fowrion geffyle, cry' fone, yn ei faenol;
A hithe oedd lawen wrth ei glun
Gael bod yn wraig i'r ffasiwn un;
Cytuno ei hun â honno yn rymus i ymrwymo,
Rhoi ordors i arlwyo a darllaw heb ysbario
Hefo ei theulu teg, ddau lonaid tŷ,
A'r gŵr ei hun wnâi hynny yn hy;
Wrth weled ei sane yn dylle ar dwyn heb drydar fawr hi a'u troedie yn fwyn;
Lladd ar y forwyn yno, yr haedde hi ei thransbortio,
Dan ddeudyd, "Duw a'i helpo a fotho'n fyw heb wreigan lân, rywiogedd liw."

Ar ôl darfod cytuno i ymrwymo â'r fun rymus
Rhoi naid wrth ymado a nofio ei chnawd nwyfus,
A chwrw i'r melinydd am g'weirio mor lanweth,
Y brilyn gwan osgo, a brolio ei gynhysgeth;
Dôi'n ôl tros fynydd, celfydd cu,
Ar 'nelu â'i din yn ôl i'w dŷ,
A'i wraig o'i ddeutu ar ddotio, ac ynte yn syn fyfyrio;
Hi yn mynych ofyn iddo, "Ple buoch cyd yn tario
A minne'n cwyno amdanoch cyd dan 'y maich, yn dene 'y myd?"
Ni atebe'r cene un gair â'i fudur ffydd ond ei fod mewn ffair,
Heb sôn am anair unweth o achos ei garwrieth;
Cyntreifio i'r wraig fynd trannoeth i dŷ ei dad yng nghyfreth
I neges eilweth, ddifeth ddawn, i gael ei lle i gilio'n llawn.

Fe gerddodd yn fuan am lydan glos leder
I Lanrwst yn bowdwr cyn deudyd ei bader;
Aeth at y *clock-maker*, ni cheisiodd mo'i mocio,
I gael waets yn ei boced i gael iddo bacio;
Âi oddi yno i Aber, siwrne front,
I gael 'nelu byth at Neli o'r bont;
Fel galant ŵr heb gilio i Fangor roedd am deithio

I gael leisens i darleisio; ni bu fawr dro'n mynd yno
I gael ymgomio â'i feinwen gu
A'i chusanu'n fwyn, mawr swnio a fu;
Fe eistedde i lawr yn fawr ei serch rhwng y fam a'i hannwyl ferch,
A'i wraig ar lannerch lonydd a glowodd hyn o newydd,
A thad yng nghyfraith beunydd, nhw yrren' dros y mynydd;
Bu annedwydd iddo'r nod, yn din y glêr i ddwyn ei glod.

Dôi'r wraig yno'n gethin, yn erwin aneiri',
Pan oedd garedica' anwyla' hefo Neli;
Dechreue ysgowlio a ffraeo am ei phriod
A holl wragedd Aber ddaeth yno i'w ddynabod;
Fe redodd ynte ar siwrne yn siŵr
I draeth yr Alafan, aflan ŵr;
Bu yno gynnwr gwynne yn ei hel o tuag adre',
A rhoi'r melinydd ynte mewn cyffion coed i ddiodde'
Am ddeud celwydde, siwrne syn,
Ei fod yn weddw, twrw tyn;
Yr holl wŷr priod, malltod maith, sy a'u meddwl anllad, wastad waith,
Gwnewch garu ar daith cowirach a myned ronyn pellach
Rhag digwydd ffortun afiach a g'leuo eich holl gyfrinach,
Ystori hyllach nag yw hon, i g'wilyddio o hyd eich llygaid lon.

BWB 227. Thomas Huxley, Caer.

Hanes gŵr sy'n twyllo ei wraig ffyddlon a adroddir yn y faled hon drachefn. Cawn glywed bod y gŵr sy'n amaethwr wedi bwriadu cludo ei ddefaid o'i gartref yn Eglwys-bach i ffair Llanllechid i'w gwerthu. Disgrifir y daith a gymerodd, sef croesi Afon Conwy ger Tal-y-cafn, mynd yn ei flaen i'r Ro-wen ac yna dilyn yr hen ffordd Rufeinig a oedd yn arwain trwy Fwlch Deufaen ac ymlaen i Aber. Diau fod Elis Roberts ei hun yn gyfarwydd â'r daith hon. Swynwyd yr amaethwr gan ferch y dafarn pan arhosodd i gael tamaid yn Abergwyngregyn, a chwenychodd *gael y fargen*, sef cael cwmni'r ferch yn y gwely. Y mae hi'n fodlon fod y gŵr yn ei chusanu ond ni chaiff wneud mwy na hynny am ei bod o dan yr argraff ei fod yn ŵr priod: *Ni chewch un naid a chwithe yn ŵr.* Myn yntau ei fod yn ŵr gweddw er tri mis ac â'r melinydd lleol ar ei lw fod hynny yn gwbl gywir. Caiff yr amaethwr a merch y dafarn rwydd hynt i fynd i'r parlwr lle y buont yn *rorio carwrieth*, ac y mae mam y ferch wrth ei bodd am fod yr amaethwr yn ŵr mor gefnog. Trefnir bod y ddau yn priodi a dechreuir ar y paratoadau. Dychwel y gŵr i'w gartref lle bu ei wraig yn disgwyl amdano yn fawr ei gofid. Anfonir hi i gartref ei thad ac â'r gŵr ati i baratoi at y briodas trwy brynu clos ac oriawr newydd a threfnu trwydded. Y mae yn ei ôl yn Aber gyda'i gariadferch, ond *Pan oedd garedica' anwyla' hefo Neli*, y mae ei wraig a'i thad, y ddau wedi clywed am y cynllwyn, yn cyrraedd. Caiff y melinydd a fu'n dweud celwydd ei gosbi a mawr yw'r cywilydd a ddaw i ran y gŵr. Dihangodd ef i Draeth Lafan ac yr oedd yn amharod iawn i ddychwelyd i wynebu ei wraig a'i dad yng nghyfraith. Cyngor tafod-ym-moch a gynigir ar ddiwedd y faled oherwydd anogir pob un sydd am garu y tu allan i briodas i wneud hynny yn ddigon pell oddi cartref fel na ddaw eu twyll i'r golwg.

16
Neithiwr ac Echnos
Hanes dynes a gafodd help gan bedwar at fagu ei phlentyn.

Dowch yn nes, â chlust gwrandawed
Pob dyn o'i hwyl am orchwyl merched,
A chym'rwch ofal mewn trwch awydd
'Ran gwaith trwyllodrus ydy anlladrwydd;
Geill y feingafn dafarn fwyngu,
Lle mae pob llafan yn ei llyfu,
'R ôl caru gamdadu, rwy'n deudyd,
Fel un y leni a gafodd lunieth
Yn ei chanol, geinwych eneth,
Hi gadd y gron eilweth yn olud.

Ar ôl iddi yn hynod w'rantu ei hunan
Ei bod yn serchog feichiog fechan,
Mewn cryn sadrwydd bu yn considrio
Pwy gymre'r gowlaid heb ymgilio;
Ond hi ddanfone fil i fwynwr,
Aflawen bregeth, i law'r bragwr,
Cowleidiwr o wladwr goludog,
A hwn pan agore gwr y papur
Ymwegilgose yn wael ei gysur
Pan wele fo lythyr mor lwythog.

Dechreuodd ddeudyd wrtho ei hunan,
"Nis gwn par' sut ymlusgodd Satan
I'm tin annwyl fel tân annwn,
Mi ga' dosied digondisiwn;
Beth pan glywo 'ngwraig yr hanes,
Fy mynd i ddeilio â'r ffasiwn ddiawles?
Bydd honno'n elynes i'm laenio;
Gwell imi'n ddistaw wneud cytundeb
Cyn dêl gwenwyn, c'wilydd gwyneb,
Casineb godineb, i'm diwyno."

’R ôl cael anlladwr mwyn fel ynte
Cyfrwyo’r meirch a mynd i’w siwrne,
A disgyn yn y dafarn honno
Dan wneud dannedd am gytuno;
Fe alwe’r ladi’n ddirgeledig
I dalu am hyn a gowse ym menthyg
Rhag torri yn ddiawledig ei aelode;
Gofynnodd iddi o frag da purion
Oedd tri ar ddeg hobeidie’n ddigon
Am fagu mewn cwynion y cene.

Hi ddeude’n hynod y cymre hynny
Os câi *hops* i’w galyn yn ddigelu,
Ac yno gwnaen’ gytundeb howddgar,
Ar ddu a gwyn rhoi i lawr yn gynnar
Fel na fydde i neb anfoddio
Na deud ymgenach nac ymgwyno,
Nac edliw fyth mo’no fo i’r mwynwr;
Fe ddeude’r gwŷr, “Awn adre’ bellach”;
Ac ar ôl gwared yr holl geriach
Gwnaeth lythyr yn ffyrmach i ffarmwr.

Pan edryche’r llythyr hanner llathen
Fe alwe ar ddiawl a’i fawl yn filen,
Dan ddeud, “O! buten, dyma bwti,
Mi wneis o’r diwedd werth ’y nghrogi;
Rhywyr imi fyned yno
I gael, modd tyner iawn, gytuno
Cyn iddi’n fawr brifio’n fer bryfes;
Os gŵyr ’y ngwraig ’y mod yn hwrio
Fe fydd yn helaeth yn anhwylio;
Fe a’m lleddir gan honno os clyw yr hanes.”

Fe gipie gaseg rhwng ei goese,
Agwedd ddiwyd, ac addawe
Am iddi'n fwyngu gelu yn galed,
O wenith hadyd rhoes wyth hobed,
Ac fe a ddymune yn brudd ei galon
Na sonie amdano fo yng ngŵydd dynion,
Câi ganddo fo anrhegion yn rhagor;
Fe ddeude hithe y gwnâi'n ddiymeiriach,
Na ddôi byth na sŵn na masnach,
A ffarwél i'r swbach ansobor.

Wrth weld cael golud mor ddig'wilydd
O nerth y traed aeth at y trydydd
I ddeud y dôi hi â phresent iddo
Ymhen y trimis, ni wiw mo'r tremio;
Ac ynte'n tyngu ar ei ened
Nid oedd mo'i amser o gan gynted,
Dan ofni dôi'n galed i'r gole,
Ond am ddegpunt yno ar fyrder,
Rhag cael c'wilydd dros hir amser,
Â hon mewn modd tyner cytune.

Talu'r arian ac ymado
A'i siarsio i wylied sôn amdano;
Âi hithe'n union at y gwydriwr,
Y gair heb oedi gyrre'n bowdwr;
Daeth hwnnw, air tyner, i gytuno
Rhoi band i'r plwy' o dan ei ddwylo,
Y tale yn ddifegio yno am fagu;
Cadd hwn y cyw i'w ran ei hunan
Dan âi o'n bedair ar ddeg oedran,
Nid bod yn ŵr dwlwan am dalu.

Dyma ddynes dda ei chydwybod
Yn gwneud marsiandaeth o'i morwyndod;
Dyna un yn ynnill llawer
Am fil a gollodd yn ddigellwer;
Nad eled neb priodol yno
At ei ffasiwn byth i orffwyso
Rhag cael amdwyo yn y diwedd;
Ni hwyrach leni y ddaw mor lanweth
Er cael y llynedd gystal llunieth,
Cadd unweth gymerieth a mowredd.

BWB 212. Thomas Huxley, Caer.

Nid y dynion yn unig sy'n gallu ymddwyn yn dwyllodrus. Y mae'r ddynes yn y faled hon yn sylweddoli ei bod yn feichiog ac y mae'n anfon bil, neu llythyr swyddogol, at bedwar dyn gwahanol i hawlio arian at gynnal ei phlentyn. Y mae enw'r alaw 'Neithiwr ac Echnos' yn awgrymu yn gyfrwys iawn arfer y wraig o ddenu dynion un ar ôl y llall. Anfonir at y bragwr i ddechrau ac yna at ffarmwr. Y mae'r ddau yn briod ac yn cytuno i dalu fel na ddaw eu hanffyddlondeb i'r golwg. Eir at y trydydd sy'n synnu bod plentyn ar fin cyrraedd mor sydyn ond y mae yntau eto yn meddwl am ei enw da ac yn talu *Rhag cael c'wilydd dros hir amser.* Tebyg ei fod yntau yn ŵr priod. Y gwydriwr yw'r pedwerydd ac y mae ef yn cytuno i arddel y plentyn a'i gynnal nes y bydd yn *bedair ar ddeg oedran.* Ymddengys mai yn y dafarn y cyfarfu'r pedwar gŵr â'r ddynes a rhybuddia'r bardd bob dyn i fod ar ei wyliadwraeth wrth fynychu'r cyfryw le. Er i'r wraig fod ar ei hennill y flwyddyn honno, bu sawl dyn ar ei golled. Ond awgrymir wrth gloi na fydd y wraig mor lwcus os digwydd yr un peth eto.

17
Diniweidrwydd
Cerdd o gynghorion i ifienctid i beidio gwneuthur drwg a dysgu gwneuthur daioni.

Gwrandewch, ifienctid o londaith lendid,
Rhag dêl aflendid, gwendid gwael;
Pob lodes bropor, os byddwch sobor
Mae genny' gyngor i chwi i'w gael;
Rhaid ichwi yn amal gymryd gofal
Pob llygad gwamal ar dreial draw,
A gwylio ei natur, cusan cysur,
I'ch tynnu yn brysur dan y braw;
Gwell ichwi yn fwynedd fod yn sobredd
Nag yn eich ffoledd ffaelio'ch gwedd,
A cholli'ch geirda, fenws fwyna',
Am gwympio i draha o hyfdra hedd.

Os ewch chwi ar nosweth i drin carwrieth
Na byddwch loweth, y fun wych lon;
Na 'dewch iddyn' deimlo mo'r fan honno
Rhag bod eto yn brifo'ch bron;
Os collwch unwaith eich geirda odiaeth
Ni ddaw, mae'n alaeth, fyth yn ôl;
Dau gwell ichwi, seren wisgi,
Ymgroesi rhag drwg ffansi ffôl;
Gwell ichwi beidio â thrachwant budur
Rhag caffael merthyr, dolur dwys,
A bod yn ddirwest onest union,
Gwenfron galon, moddion mwys.

Peth mwya' tirion ymysg dynion
Yw merch ffyddlon galon gu
A gadwo'n barod ei morwyndod
Nes caffael priod hynod hy;
A di-gownt anian yw merch drwstan,
Cynsidrwch weithan, fun burlan bêr;

Ni cheiff honno neb a'i cym'ro
Ond un a fytho yn lelo aflêr,
A hwnnw os hapie yn edliw ei champie,
Fe dafle eirie fel saethe syn;
On'd gwell, fun barod, fyw'n ddibechod
Na bod mewn hynod fyd fel hyn?

Er wna munud digri gwell yw ymgroesi
Na bod gwedi mewn c'ledi clir
Yn tost ymgwynfan yn magu'r baban
Heb un gair diddan yma ar dir,
A'r ffrins cyfyrdo gwedi digio
Am iddi chwyddo o ran ei chwant,
A'i charwr gwisgi gwedi sorri
A beie arni gwedi gant,
A'i gwyneb hithe yn dyner dene,
Yn swrth, a'i blode yn syrthio o'i blaen,
A'i chariad eirdro yn yswagrio
Yn y fan a byddo fel rhyw baun.

Mae lodes ole a gollo ei blode
Fel pren afalle, modde maith,
Yn crino'n gynnar ar y ddaear
Heb ffrwythe howddgar, wiwgar waith;
Nid ydyw'r meibion ond 'run moddion
Gerbron Duw cyfion, union Oen;
Os di'engan' heddiw beth mwy gloyw
Fe ddaw ar ôl marw'r berw a'r boen;
Wel cofiwch ennyd o'ch ifienctid
Ymgadw rhag aflendid flas;
Ymadewch o bobtu â thrachwant oerddu
A chofiwch grefu i'r Iesu am ras.

BWB 198. Elizabeth Adams, Caer, 1753.

Cerdd i'r ieuenctid yw hon yn ôl y pennawd ond y merched mewn gwirionedd sy'n cael eu hannerch. Byddai'r Ffŵl yn yr anterliwt yn cynghori'r merched yn ddi-ffael, a daeth yn arfer cynnwys cerddi cynghori yn y llyfrau baledi, rhai wedi eu codi o'r anterliwtiau, eraill wedi eu llunio yn yr un dull. Yn y cerddi hyn anogir y merched i beidio ag ildio i'r llanciau ac i ymatal rhag planta nes y byddant wedi priodi. Gall y ferch sy'n colli ei gwyryfdod ddisgwyl gwaradwydd pan gaiff blentyn; bydd ei gwedd yn dirywio, bydd ei ffrindiau oll yn cefnu arni a bydd ei chariad wedi ei gadael am un arall ac *yn yswagrio ... fel rhyw baun.*

18
Duw Gadwo'r Brenin

Hanes fel y rhoes merch fonheddig ei ffansi ar fab i hwsmon yn Iwerddon, ac fel yr enynnodd llid ei thad yn ei herbyn o'r achos, ac a geisiodd ei lladd, ac a wnaeth ben amdano ei hun.

Clowch hanes mab hwsmon o diroedd Iwerddon,
I Ddulyn yn dirion y daeth;
Yn ystiward distawedd i ŵr mawr ei fonedd
Yn rhyfedd dan rinwedd yr aeth;
Fo oedd o ddysg uchel, yn landdyn mwyn tawel,
Synhwyrol ei chwedel, gwych iawn,
Ac aeres fonheddig a'i hoffodd o yn unig,
Ddyn ystig nodedig mewn dawn;
Ac ato fo'n brysur y gyrrodd yn eglur,
Yn gywir, y llythyr o'i llaw;
Mynega iddo'n ddiwad fel 'r ydoedd o'i gariad
Dan nychiad o brofiad o'r braw.

Yn llonwych darlleiniodd, rhyw foddion rhyfeddodd,
Pa fodd y danfonodd y fun,
Hi'n aeres ar dyddyn pum cant yn y flwyddyn
Ac ynte yn wael lencyn, dwl un;
Ond rhyngddyn nhw'n helaeth y prifiodd carwriaeth
Heb neb mewn gwybodaeth ei bod,
Ond buan gwybued, a'i thad a gadd glowed
Fel 'r ydoedd mynediad ei nod;
Ysgrifennodd ar fyrder ar frys at ei feister
I'w droi o'n ddwl eger o'i le;
Pan glowe'r wen eneth hi hwyliodd yn heleth
I'w galyn o drannoeth o'r dre.

Fe yrre ei thad weision, a'r rheini a'u daliason',
Dygason nhw'n union yn ôl;
Y ferch a glos gadwed ac ynte a garchared,
Fe a'i bwried mewn rhediad yn rhôl
Yng nghyfraith Iwerddon i'w golli yno'n union

Drwy lyfon gau dystion, oer daith;
Am ddwyn y ferch honno gwnaent ladrad mawr arno,
Gael iddo ei fyr wyro am ei waith;
Yn fuan dôi'r diwrnod i wneud ei ddibendod,
Dôi yno i ymgyfarfod gryn fyd;
I'w edrych dôi'r rheini am ddwyn y fath ladi,
Gwir ydy, i'w iawn brofi ryw bryd.

Mewn *coach* o'i dŷ annedd ei thad didrugaredd
I edrych ei ddiwedd, lân ddyn,
A'r ferch oedd i'w garu oedd wedi ei chloi i fyny
Yn galaru ac yn llygru yno'n llyn;
Ond Erl o Gilclear a wele'n waith hagar
Wneud diwedd dyn howddgar am hyn;
Aeth at y Lord Debit, fo fegiodd ei fywyd,
Nad ellid mo'i symyd o'n syn;
Dros ddeugain dydd tyner 'r ôl hyn daeth i Loeger,
At Siôr frenin eurber yr aeth;
I Daniel Migwear cadd bardwn wyllysgar,
Fo a'i tynnodd o'r carchar blin caeth.

Pan glywodd yr henddyn na châi o mo'r cortyn
Fo ymlenwodd yn ddygyn o ddig;
Fo brifiodd o eilweth mewn llid at ei eneth,
Fo neidie bob boregwaith i'w brig;
Ac iddi gofynne oedd hi fyth o'r un modde
Yn dal mor bendene yma ar dir;
Hi atebe i'w thad hynod fod cariad heb ddarfod
Os mynne gael gwaelod y gwir;
Fo gipiodd ei gledde, yn sydyn fo a'i brathe,
Gwnâi hithe oer leisie drwy loes;
Fo redodd yn union, oer ofid, i'r afon
A boddodd y creulon ddyn croes.

Ni chowse'r lân eneth ddim briwie marwoleth
Ond dychryn diberffeth yn boen;
Y cledde redase tu allan i'w 'senne

Heb dwtsio ei gwych radde na'i chroen;
Y newydd a yrrodd i'w chariad o'i gwirfodd
Ac ynte a'i priododd, pur yw;
Yn Iwerddon lân hyfryd maen' eto'n ddau anwylyd
Yn unfryd dan fywyd yn fyw;
Pur gariad glân effro, pwy ddichon ei rwystro?
Lle tyfo mae'n llwyddo mewn lles;
Nid yw dyfroedd y moroedd mo'r ddigon i'w ddiffodd
Lle enynnodd, iawn wreiddiodd, ei wres.

BWB 358. Dafydd Jones, Trefriw, 1784.

Dyma enghraifft o'r dosbarth o gerddi a luniwyd am garwriaeth rhwng dau nad ydynt yn perthyn i'r un dosbarth cymdeithasol. Bydd y ferch fel arfer yn perthyn i deulu goludog a bydd ei thad yn ei gwahardd rhag priodi llanc ifanc o gefndir tlawd. Weithiau anfonir y llanc i ffwrdd a'i orfodi i ymuno â'r fyddin. Ceir yn y faled hon hanes merch o uchel dras sydd mewn cariad â stiwart *o ddysg uchel, yn landdyn mwyn tawel*, sydd yng ngwasanaeth rhyw ŵr bonheddig. Pan glyw'r tad am y garwriaeth, ysgrifenna at y gŵr bonheddig a'i gymell i ddiswyddo ei stiwart a'i anfon ymaith. Dilyna'r ferch ef ond daw gweision y tad ar eu hôl a'u dal. Caiff y gŵr ifanc ei garcharu a'i ddedfrydu i farwolaeth. Daw tyrfa ynghyd i weld ei ddiwedd a'r tad yn eu plith. Fodd bynnag, caiff y llanc ei arbed trwy ymyrraeth swyddogion y llys sy'n barnu bod y gosb yn llawer rhy llym. Pan glyw'r tad hyn, y mae'n ymosod ar ei ferch sydd bellach yn gaeth yn y cartref; y mae'n ei thrywanu â'i gleddyf ac yna yn ei foddi ei hun. Yn ffodus ni chafodd y ferch ei hanafu a chaiff hi a'i chariad briodi a byw yn ddedwydd gyda'i gilydd.

19
Consêt Gwŷr Dyfi
Cerdd newydd yn gosod allan rai o gyneddfau'r cwrw dan yr enw Siôn yr Haidd.

Gwrandawed pob Cymro yn gryno hyd y gwraidd
Fy hanes a'm henw, y cwrw brag haidd;
Yn Lloeger a Chymru rwy'n ffynnu'n bur ffeind,
Fy arogle sydd ore yn ffroene pob ffreind;
Rwy'n jenerol nerthol, ryfeddol o faint,
Rwy'n dda iawn i'r brenin, sef brigyn y braint;
Pe cawn i farwolaeth i'm llywaeth liw llwyd
Ni wele'r ecseismyn fyth fymryn o fwyd;
Ple'r âi'r superfeiswr, chwilotwr di-les?
Ni bydde'r colector mewn ordor ddim nes;
Fe fydde'r brith bricie a'r llyfre hyd y llawr
A 'nhwythe'n dylodion a gwaelion eu gwawr.

Ped fai'n dyfod ata', naws dynfa, ryw stops
Ni fydde wiw pacio na rhwymo mo'r hops;
Pe hitiwn i drengi neu fferru fel ffôl
Doen nhwythe mewn moment i'r fonwent ar f'ôl;
Oni bai 'mod i'n lysti, yn heini ac yn hael,
Fe fydde'r tafarne a'u geirie'n fwy gwael;
Ni thalen' i'r brenin un sityn yn siŵr
Heb gymorth Siôn 'r Heidden, y llawen call ŵr;
Hwy dalant eu hardreth yn odieth yn wir
A gini am le i minne trwy ymynedd cyn hir,
A phedwar swllt enwog, saith geiniog yn gu,
Am warant i'm cadw mewn twrw yn eu tŷ.

Hwy dalant i'r bragwr heb gynnwr na gwg,
Nhw a'm tynnan' oddi yno rhag mwyglo'n eu mwg;
Nhw dalant i'r cowper heb ffalster na ffoi
Am wely glân taclus mor hwylus i'm rhoi;
Nhw dalant mor howddgar i'r brasiar am bres
A phiewter i'r parlwr, nid llwgwr ond lles;

Hwy dalant i'r potiwr, y ffeiriwr di-ffael,
Sy'n moli'r rhes mulod fel hynod ŵr hael;
Talu am ganhwylle ac am gatie'r mawr gost,
Talu am dybaco a bydio mewn bost;
Talu i forwynion, rai gloywon a glân,
A chaws mawr a brynant, hwy dalant am dân.

Nhw brynant fras gige ar droee yn y dre,
Dail Lewis felynddu sy'n tyfu sef te,
Mân lwye, gwyn botie, da ddonie di-ddig,
A siwgwr a menyn a photyn â phig;
Er bod coste mowrion yn gryfion o'r gwraidd
Y cwbwl eiff heibio lle rhodio Siôn 'r Haidd;
Wrth fynych ddisgwrsio ac ympledio'n eu plith
Mi helpiais er hynny i brynu gown brith;
Mi gerddaf y gwledydd, naws ufudd eu sain,
Mi heliaf gwsmeriaid mewn rhoddiad i'r rhain;
Mi 'cadwa' 'n eu parlwr mewn dwndwr am de
Ac eraill heb fara mewn llymdra yn eu lle.

Y sawl sydd i'm cadw trwy dwrw yn ei dŷ,
Oddi wrtha-i 'n bur heleth ceiff gyweth yn gu,
A'r sawl a'm câr ore ar droee oddi draw,
Ceiff fyned i farchnata a llymdra ym mhob llaw;
Mi yrrais laweroedd yn oeredd eu pryd
I hel o ran llymdra eu bara hyd y byd;
Am iddynt hwy gario yn eu dwylo imi dâl
Y plant sydd a'u agwedd disylwedd yn sâl;
Mae llawer gwraig garpiog afrowiog ar frys
Yn ffaelio er ysgowlio yn gryno gael crys,
A'i gŵr efo a minne, da ddonie di-ddig,
Tra dalio ei hen wddw fe'i bwrw yn ei big.

Rhoes llawer oferddyn dda dyddyn o dir
Amdanaf i, 'r cwrw, mewn berw, a'm brawd bir;
Yn ymyl caredigrwydd, aflonydd, rwy'n flin,
Ceiff gennyf glos carpie go dene am ei din;

Rwyf fi yn anferthol erwinol erioed,
Mi gwympiaf rai'n brysur neu bybyr bob oed;
Y cryfaf sy yn Lloeger mewn ffraethder yn ffri
Yn sydyn a gwympiant o ymaelant â mi;
Rwy'n gryfach nag Albion neu Samson yn siŵr,
Cwympiaswn Gog Magog, y llidiog hyll ŵr;
Curaswn Goleia, gawr hylla', 'n bur hawdd
A'i droi mewn budreddi, tyn g'ledi, tan glawdd.

Fe ddeudan' fod Arthur mewn brwydyr go braf,
Ni châi gan Siôn 'r Heidden ond bod yn yslaf;
Pob nerth a chyfrwystra sydd benna' yn y byd,
Os ataf fi deuant fe gollant i gyd;
Rwy'n gryfach na'r Tyrcied, 'nifeilied y fall,
Gwna-i 'r Mahomet creulon sydd ddicllon yn ddall;
Pe gwelwn i 'r brenin cyffredin o Ffrainc
Gwnawn iddo fo rolio er gafaelio yn y fainc;
Er curo'r gwŷr gwylltion, rai geirwon heb gudd,
Doent ataf er hynny i ymdynnu bob dydd;
Nhwy a'm carant yn fwynedd neu buredd bob awr,
O frenin i feger rwy'n feister go fawr.

Fe'm câr y rhyfelwyr a llongwyr pob lle,
Cyfreithwyr, pregethwyr a'r traenwyr pob tre;
Os daw ata-i grefftwr o garwr i'w grùl
Mi 'nesa' fe'n isa', gwn dana' yma dul;
Ni wiw i'r gwehyddion tingeimion na'r go',
Glwferied ni feiddian' os caran' eu co',
Jeuneried, cowperied, teilwried di-les,
Os deuant o'm cwmpas mi 'cwympia' nhw'n rhes;
Rwy'n gryfach na'r barcer, na'r sadler yn siŵr,
Melinydd a laenia' er gwaetha' pob gŵr;
Y cariwr a llifiwr a chraswr a chrydd,
Gwna' yn siwrwd y seiri, rai difri, bob dydd.

Mi gwympia' 'r saer Berwig mewn cerrig, ŵr cu,
'R yslater a dafla', mi 'tynna' o ben tŷ;
Telynwyr, ffidleried, turnoried yn awr,
Mi roddaf godyme i'r saer llonge tua'r llawr;
Rhof Ifan Faledwr o'r ffwndwr i'r ffos
Neu ganu yn ei wely a nadu drwy'r nos;
Ac Elis y Prydydd, mwyn ufudd, mewn awr,
Mi 'rhoddaf i orwedd a'i lechwedd ar lawr;
Heblaw cael ein cwympio a'n lluchio hyd y llawr
Eiff Sionyn â'n synnwyr dibybyr bob awr;
Mae Sionyn fel swynwr, anhydyn ŵr hy,
Ni cheiff gŵr ag arian fynd allan o'i dŷ.

BWB 107. Amwythig.

Lluniodd Elis y Cowper a Huw Jones o Langwm sawl baled am y cwrw a chaiff ei bersonoli a'i adnabod wrth yr enw Siôn yr Haidd. Grym a dylanwad Siôn yw pwnc y faled hon a Siôn ei hun sy'n llefaru. Yn y pennill olaf enwir dau sy'n ddeiliaid ffyddlon i'r brenin grymus hwn, Elis ei hun ac Ifan Faledwr, sef Evan Ellis a werthai'r llyfr baledi a oedd yn cynnwys y gerdd. Y mae enwi'r ddau gyda'i gilydd fel hyn yn dangos pa mor agos oedd y berthynas rhwng yr awdur a'r gwerthwr a byddai hynny yn amlwg i'r rhai a glywai ac a brynai'r deunydd print. Gwyddai'r cyhoedd am yr awduron ac am y gwerthwyr. Yng ngweddill y gerdd pwysleisir faint sy'n ddibynnol ar y cwrw am eu bywoliaeth: y rhai sy'n casglu'r trethi ar y brag a'r rhai hynny sy'n gysylltiedig â'r gwaith o gynhyrchu'r ddiod, gan gynnwys y cowperiaid, fel Elis ei hun, a fyddai'n cael eu cyflogi i lunio casgenni pwrpasol: *Am wely glân taclus mor hwylus i'm rhoi.* Heb y frag byddai'r holl bobl hyn yn ddi-waith. Ni fyddai angen llestri ar gyfer y dafarn, na bwyd, na thybaco na chanhwyllau. Ond y mae pris i'w dalu wrth wasanaethu'r unben hwn a chyfeirir at y plant newynog a'r gwragedd sydd yn eu dillad carpiog am fod eu gwŷr yn afradu eu heiddo neu eu hetifeddiaeth yn y dafarn: *Mi yrrais laweroedd yn oeredd eu pryd / I hel o ran llymdra eu bara hyd y byd.* Yna enwir brenhinoedd grymus y mae Siôn yn feistr arnynt; rhai wedi eu tynnu o'r Beibl megis y cawr Goleiath, Samson, a'r tywysog cadarn Gog Magog a enwir yn Eseciel 38:2–3; arwyr chwedlonol megis Arthur ac Albion (mab Brutus yn ôl Sieffre o Fynwy; iddo ef y rhoddwyd yr Alban); a thri o elynion traddodiadol Prydain, sef brenin Ffrainc (Louis XVI os lluniwyd y faled ar ôl 1774), y Tyrciaid a Mahomed. Fe gofir bod brenin Ffrainc a'r Tyrciaid i'w gweld yn strydoedd y Ddinas Ddihenydd yng *Ngweledigaethau* Ellis Wynne. Rhestrir hefyd ddetholiad o alwedigaethau sy'n arddel Siôn, ac yn eu plith y gwehydd, y glwfer (gwneuthurwr menig), y teilwr, y sadler (gwneuthurwr cyfrwyau) a'r yslater (töwr).

20
Toriad y Dydd
Yn dangos fel y mae gofid yn canlyn pob dyn o'i enedigaeth hyd at angau, ac fel y mae dyn yn cwynfan rhagddo.

Fy ffryns a'm caredigion, cymdogion ffyddlon ffydd,
A'r holl rai sydd ddeallgar a doethgar yn eu dydd,
Eich cyngor rwy'n ei ofyn yn sydyn er llesâd
Yn erbyn gofid bydol, anneddfol ydy ei nad;
Mae fo'n fy erlid i, i'm canlyn megis ci,
Ni cha-i mo'r rhodio ond gydag efo na bytho'n ffraeo'n ffri;
Mae efo fi 'mhob man yn chwilio i gogio'r gwan,
Ni cha' inne beunydd gan ei awydd mo'r llonydd yn y llan;
Pan fythw-i 'n gwrando'r Gair bydd ynte'n trin y gwair,
Yn fy nghalon mae'i ofalon yn ffyddlon gadw ffair;
Deud gweddi ni cha-i 'nawr na bytho gofid mawr
Yn prysuro i gyffwrdd honno i gael ei llusgo i'r llawr.

Mae gofid ym mhob gafael a'i drafael ar ei draed
I'm canlyn ac i'm coledd, fy niwedd ymado â naid;
Ni cha-i mo'r llonydd ganddo – na byddo fo hyd y byd! –
I'm dotio mae e o'm deutu yn glynu fel y glud;
Mewn tafarn lawdfarn lid ymysg meddwon, fryntion fryd,
Y caf fi eiste ar drowydd droee, y llonydd gore i gyd;
Ar ôl sobri, cyfri' cas, ca' glywed yr hen was
Yn bigiade hyd f'aelode, brathiade ei gledde glas;
Petawn i'n mynd yn awr i lys rhyw frenin mawr
Mi gawn glywed gofid caled neu weled yno ei wawr;
I blas rhyw dduwc pe'r awn, neu arglwydd, llywydd llawn,
Gan iwin ofid cawn ryw benyd anhyfryd tu' phrydnawn.

Pe'r awn i at syr neu sgweiar, byd hagar yw bod hyn,
Dôi Meistr Gofid yno i'm llwyr arswydo yn syn;
Ni chawn i fwyta tamaid na llymaid yn y lle
Heb ddyfod ata-i flinfyd a gofid gydag e;
I dŷ'r esgob, gwn, pe'r awn, neu berson doeth ei ddawn,

Dôi ofid yno, tost, i'm trwblio, i'm blino a'm llwytho'n llawn;
Petawn i byw'n ddi-ball yn nhŷ'r ustus cymwys call
Yno i'm herlid, boenus benyd, dôi gofid, mawr yw gwall;
Pe dihangwn rhag ei nych i dŷ'r marsiandwr gwych
Cawn weled gofid main mewn munud yn drymllyd yn y drych;
Pe'r awn i i'r rhyfel draw i'm briwio dôi mewn braw,
Nid oes imi beunydd hyd y gwledydd ddim llonydd ar un llaw.

Pe rhodiwn yma ac acw a gwnelw' a fynnw' fyth
Ca' weled gofid erchyll yn sefyll yno'n syth;
Petawn i'n mynd at fiwsig i gynnig iddo glust
Trannoeth y dôi gofid â phenyd arna-i 'n ffust;
Pob noswaith lawen sydd, mae i'w chanlyn fore prudd,
Ar ôl pob mwynfyd a llawenfyd mae gofid draw dan gudd;
Fe fydd yn gwneud ei ran i'm canlyn ym mhob man,
Mae'n rhoi ei 'winedd ynddo-i 'n gledd ym mhob lluniedd dre a llan;
O Adda'r Cynta' daeth, ni welir un o'i waeth,
Fi wnaed gyferbyn, gofid gerwin, yn nod i'w sydyn saeth;
Ca' ofid, synfyd sen, dan ddêl fy nyddie i ben,
Cael ymado ar fyr ag efo rwy'n llwyr ddymuno, Amen.

BWB 653.

Cân wirebol ei chywair am y modd y mae gofid yn llywodraethu ac yn gorthrymu pob dyn bydol er pan dorrodd Adda (*Adda'r Cynta'*) orchymyn Duw yng Ngardd Eden. Gelwir Crist yn Ail Adda am iddo ddod i'r byd i gynnig maddeuant ac achubiaeth. Gall fod cerdd fel hon wedi ei chyflwyno gan y cymeriad Gofid mewn anterliwt.

21
Calon Drom / Heavy Heart
Cerdd o goffadwriaeth neu farwnad am Elis Roberts, cowper o Landdoged gerllaw Llanrwst yn Sir Ddinbych.

Ai gwir y newydd, garw niwed?
Tryma' clefyd, trwm yw clywed
Claddu ein brawd, ŵr didlawd odle,
Mae megis barrug hwyr a bore,
Sef Elis Roberts, gynt rhoes rybudd
I'r annuwiolion, draw air union, drwy'r awenydd;
Gan angau chwerw fe garcharwyd,
Yn ddiarbed i bridd Llanddoged ef a ddygwyd.

Mae yn Sir Ddinbych geinwych gwyno,
Araith gyfyn', wrth ei gofio;
Arfon, Meirion, Môn bob munud,
Sir neu Swydd Callestr hefyd;
Deau, Gwynedd, oeredd arwyl,
Sy'n mynych goffa ei bêr ganiada, pura' perwyl;
Yn ochor cynnes Dyffryn Conwy
Y rhoed ei gorffyn ymhlith gwerin, gyfyn' gofwy.

Yn iach i glywed byth gerdd newydd
Na llythyr chwaith o waith y prydydd;
Fo ysgrifennodd, loywfodd, lawer
Yn ddiymswyn yn ei amser:
Cerddi a charolau riwliodd
A phob dyrife, wyth ran (da medre) o'r ymadrodd;
Eglurodd hygar rai damhegion
Sy'n ysgrythurol mewn modd dethol fel y doethion.

Fo safodd yn y rhyfel poethgry',
Weithiau i lawr ac weithiau i fyny;
Weithiau ei droed ar wddw ei bechod
Ac weithiau ar lawr tan draed eulunod;

Os cadd o ffydd yng ngwaed yr Iesu
'Nghaersalem Newydd mae fe mewn cynnydd heddiw'n canu;
Dechrau ar destun paradwysteg
I Frenin Seion ymhlith angylion, ddwyfron ddifreg.

A'r sawl sy'n marw yn yr Arglwydd,
Mae hwnnw heb ddadyl byth yn ddedwydd;
Er cymaint ydoedd ei wendidau
Mae gwir Feddyg a gâr faddau;
Er mwyn ei hun, Crist, rosyn grasol,
O bob direidi mae fe'n unioni dyn anianol;
Troi'r annuwiol ffôl heb ffaelu,
Gwneiff ato'n bwyllus, mor gariadus, iddo i gredu.

Mae ganddo ffynnon fawr agored
I olchi clwyfon pechaduried;
Porth teyrnas nef i bawb a gredodd,
Crist Iesu'n gwyraidd a'i hagorodd
O led y pen i hen bechadur,
Mae'r drws eto os daw i'w geisio, fo geiff gysur;
Cymod rhad i bawb sy'n rhodio
Sy ar ddwylo'r Iesu, ac i'w gyfrannu i'r gŵr a fynno.

Gobeithio yn fanwl byth rwy' finna
Ei fod mewn meddiant, tyciant teca',
Ymhlith y seintiau golau gwiwlwys,
Clod puredig, gwlad paradwys,
Lle mae miloedd llu yn moli
Yr oen sancteiddiol yn dra rhadol drwy fawrhydi;
Gwlad i nofio mewn tangnefedd
Lle mae gwir fywyd i bawb, addawyd, yn ddiddiwedd.

Pawb sy'n cerdded llwybrau Abram
A ddaw, rwy'n gwirio, yno'n ddinam,
Sef cywir ffydd, heb ddim amheueth,
A chariad, gwybydd, efo gobeth;

Wel dyna'r tair agoriad, gwiriaf,
Rhaid cael heb esgus cyn cyrraedd iachus nefoedd uchaf;
A'r sawl mewn rhan sy'n meddu'r rheini,
Mae'n rhodio'n berffaith wrth olau glanwaith y goleuni.

Llais Mab Mair drwy'r Gair, rwy'n gwirio,
Sydd fwy lles na'r tes i'n t'wyso,
A golau'i ysbryd, bywyd bywiol,
O Dduw Iesu, mae'n ddewisol;
A dyna'r gannwyll, ddidwyll ddeudiad,
Mewn mwyn amynedd a rydd rinwedd yn yr enaid:
Marw i'r byd a byw'n ddiseibiant
Mewn buchedd newydd i Grist ar gynnydd er gogoniant.

Ffarwél ein brawd oedd fwyn hen brydydd,
Darfu rhinwedd yr awenydd;
Nid oes yma un dwys amod
Hwyr na bore ond bedd yn barod;
Ffarwél i 'mgomio am hen iaith Gomer,
Aeth i'w gartref, ni chlywir bref na llef yn llafer;
Ffarwél iddo eto heb atal,
Amen bob munud, f'eitha' gofid, 'f aeth o'm gafal.

Ieuan ap Iago o Lanfachreth yn Sir Feirionnydd

BWB 216. Thomas Huxley, Caer.

Geirfa ddethol

aed cymorth
afall ll. *afallau* coeden afalau
afrywiog tost, garw
anghysonaidd aflafar
ainc dymuniad
alar amr. *galar*
amdwyo amr. *andwyo*
anfoddio tramgwyddo
anhwylio cythruddo; gwallgofi
anhydyn afreolus, anystywallt; cyndyn, pengaled
anhywaith creulon
anian natur, tymer; adf. iawn, dirfawr
anianol naturiol
anlladwr dyn trythyll
anneddfol afreolus
annwn uffern
ansutiol anweddaidd; diolwg
arloesi clirio (tir)
arwyl angladd
awenydd awen
awr gwych, rhagorol
baetio abwydo, ceisio dal rhywbeth
barcer tanner
bargen cytundeb
bariaeth drwg, drygioni
beger cardotyn
berw cynnwrf, terfysg
bil cwyn, cyhuddiad
bildio adeiladu
blaened, blaned ffawd, tynged
bôl bowlen
bordor ffin
bradwriaeth twyll, cynllwyn
braenu pydru

brasier gweithiwr efydd
breiniol breintiedig
brewar bragwr
brilyn llipryn
brolio ymrafael; canmol
bwti helynt
bydio byw, bod
cadarnwch cadernid, sicrwydd
Caer Gwydion y Llwybr Llaethog
camdadu arddel tadolaeth ar gam
campwr ll. *campion* arwr, milwr
cannaid disglair, gwych
carpiog tlodaidd ei wisg
cat pibell, cetyn
cau ar cau i mewn
cefnog calonnog
cêr offer, taclau
certh ofnadwy
cetyn pibell
cethin milain
cic ergyd â throed
clos llodrau
clwyfo taro'n sâl
colector casglwr
comffordd cysur
comones putain
costowci mastiff; dyn sarrug
cowlaid llond cofl, baban
cowleidiwr amr. *cofleidiwr* carwr
cownt cyfrif
cowntiwr cyfrifwr
cragen, syrthio'n gregyn cwympo'n deilchion
craswr pobwr
crecio amr. *cracio*
crùl cawell
cryno cyflawn; gwych
cwyraidd celfydd, medrus

cyd-ddylifo llifo neu nofio ynghyd
cyfer, ar gyfer wrth ymyl, gyferbyn
cyfrdo cyfan, cyflawn
cymeriaeth y weithred o gymryd neu dderbyn; anturiaeth
cynnan parod
cyntreifio llunio, trefnu
cyweirio trin, trafod
chwiffiad chwa neu bwff go dda
dadwrdd twrw, cyffro
daearen daear, gwlad
dannedd, gwneud dannedd cyfleu anfodlonrwydd
darllain amr. *darllen*
darllaw bragu
dawn cynneddf, natur; bendith, rhodd
deallgar deallus
debit dirprwy
deilio ymwneud â
dethau, llaw ddethau llaw dde
dialedd ll. *daleddion* swm dirfawr
diben diwedd, terfyn (bywyd)
dibendod diwedd (bywyd)
dicllonus blin
dichlyn cywrain
di-dra teg
difegio yn barod, yn ddigymell
difis di-nam
di-foed safadwy
difreg didwyll; perffaith
diffaith ysgeler, aflan; ffiaidd
digondisiwn gwael, aflawen
di-gownt dihidio
dihafarch dewr, gwrol
dihenydd marwolaeth; cosb
diod, diod fain cwrw gwan
dirgel lle dirgel (gŵr neu wraig)
dirgeledig cyfrinachol
dirwest diwair

disgethrin garw, creulon, llidiog
disgwrsio ymddiddan
distawaidd o natur addfwyn
disyn darn neu damaid bach
diweddiad diwedd
diwti toll
diymeiriach di-ball
diymswyn parod, rhwydd
doethaidd pwyllog
doethgar pwyllog
dondio bygwth; ceryddu
dotiens penwendid
dotio drysu; hurtio
dul dyrnod
dwlwan ffôl a gwan ei feddwl
dwndwr sŵn, clebran
dwned sŵn, dadwrdd, cynnwrf
dyféis cynllun
dyledog mewn dyled
dynabod amr. *adnabod*
dynan dyn bach
dyrys anodd; blin
dysgawdwr athro, arweinydd
ecseismon casglwr tollau
eisio amr. *eisiau*
enfog amr. *enwog* clodfawr
erwinol eithafol
erwydden ffon, pastwn
fecsio mynd yn gythryblus neu aflonydd
fenws merch brydferth
filen cnaf
ffair, cadw ffair creu cyffro neu gynnwrf
ffeifs math o chwarae pêl
ffeind gwych
ffeiriwr masnachwr
ffest egnïol, cyflym
fforddio arwain, tywys

ffowler saethwr adar
ffrae ysgarmes
ffreind cyfaill
Ffreinig amr. *Ffrengig*
ffust gwialen
ffwgws tybaco, myglys
ffwndwr ffwdan, ffrwst
ffyrm cadarn, pendant
gafael helynt, argyfwng
galant cwrtais, bonheddig
gardio trin gwlân
gerwin garw
gerwinol garw, llym; eithafol
glwfer gwneuthurwr menig
gofwy ymweliad
golygwr goruchwyliwr
gorchwyliaeth gwaith, busnes
goreurog gwych
gwaetio aros
gwaneg ffurf, ymddangosiad
gwasgfa dolur; trallod; helbul
gweinidog gwas
gwirion diniwed
gwisgi heini; gwych
gwneuthud amr. *gwneud*
gwreigiog, gŵr gwreigiog gŵr priod
gwybodol deallus
gwydriwr gwneuthurwr gwydr
gwŷn angerdd, chwant
gwynnau nwyfus, bywiog
hitio digwydd, hapio
hoetio ymddwyn yn hurt
hwchw ebychiad o fraw neu o arswyd
hŵr putain
hwrio puteinio
hws cosfa
hygar cyfeillgar; hyfryd

hylwydd llwyddiannus
ingder cyni, trallod
iwin ffyrnig, cynddeiriog
iwsio defnyddio
jenerol cadfridog
jeuner saer
joe tamaid (o faco) i'w gnoi
laenio taro, chwipio
larts balch, mawreddog
ledio arwain
leisens trwydded
lelo hurtyn
lysti cryf, heini
lladdfa cyflafan, distryw
llafn llencyn
llamhurtio ymddwyn yn hurt neu afreolus
llawdfarn barn oherwydd anlladrwydd
llecin cwrw gwan
llechwedd grudd, boch
lleden amr. *llydan*
lleisio llefain
llifiwr un sy'n lliwio (gwlân &)
llindagu tagu, mygu
llyn, yn llyn fel hyn
llywaeth hydrin; gwan, difeddwl
maeden cenawes, slebog
mainc gorsedd; llys barn
marsiandaeth masnach; bargen
marsiandwr masnachwr, siopwr
marts taith
medr, ar fedr yn bwriadu, yn amcanu
meiner mwynwr
menthyg, cael ym menthyg ar fenthyg
merthyr dioddefaint
milain creulon; garw
misio methu
mocio gwatwar

moddol gweddus; gwych
mŵn mwyn
mwstwr sŵn; ffwdan
mwyglo mynd yn glaear neu feddal
mwynwr bonheddwr
mwys cywir, teg
naid cytgnawd
neis dymunol
niwaid amr. *niwed*
nod amcan
nodidog rhagorol
noe llestr, powlen
nwylyd amr. *anwylyd*
odfa amr. *oedfa* achlysur, ysbaid
odiaeth gwych
odiaethol gwych
pacio gosod mewn trefn
parodol parod, ewyllysgar
peniaeth rheolwr
piewter dysgl fetel
plymen haenen o rew
potiwr crochenydd
powdr, yn bowdr yn egnïol
praeo ysglyfaethu
present anrheg
pric gwialen
priodol yn briod
riwl rheol, trefn
riwlio rheoli, cadw mewn trefn
rorio rhuo
rhadol graslon, hael
rhedeg llithro (i bechod)
rhent incwm
rhewen rhewlif
rhod, dan rhod dan yr haul
rhodd, yn rhodd yn hael, yn barod
rhoddiad rhodd, anrheg

rhôl rheol, trefn
rhuglo crafu, clirio
sadler cyfrwywr
sadrwydd doethineb, pwyll
saig bwyd, lluniaeth
serth ffiaidd, annymunol
serthaidd garw
Sgotsmen Albanwyr
sibedu hongian ar sibed
simio tafoli
sincio suddo
sityn haenen denau o fetel
siwrwd darnau, tameidiau
snisin baco (wedi ei falu'n bowdr i'w ffroeni)
stop ataliad
superfeiswr goruchwyliwr
swbach un gwannaidd
syberwyd haelioni
syful rhadlon, cymwynasgar
tario oedi, aros
tarleisio hollti; seinio
tid cadwyn
tin y glêr y dosbarth isaf o feirdd
tithio marchogaeth
tobacwr un sy'n ysmygu tybaco
tosti arteithio
towtsio cyffwrdd
tra creulondeb, trais
traenio hyfforddi (milwyr)
traenwr hyfforddwr (milwyr)
traethod amr. *traethawd* adroddiad
tragwyddol tragwyddoldeb
train tro
treial prawf, trallod
treio profi
tremio edrych (yn sarrug)
tresio curo, chwipio

tripio llithro, treiglo
troedio cyweirio troed hosan
tröell peiriant nyddu
trwblio aflonyddu
trydar clebran
tryfrith niferus
turnor turniwr
twtsio cyffwrdd
twymno amr. *twymo*
tyciant ffyniant
tynfa tyndra
waetio aros
waets oriawr
wic pabwyr
ymaelyd ymgodymu
ymbledio erfyn, dadlau
ymendio gwella, cael adferiad
ymliwio ceryddu, edliw
ympirio ymddangos
ymynedd amr. *amynedd*
ysglerio amr. *ysglefrio*
ysgolar disgybl ysgol
ysgolhaig disgybl ysgol
ysgowlio cuchio; dwrdio
yslaf caethwas
yslater llechwr, töwr
ysnisin tybaco
ystig dyfal, diwyd
ystyrio cynllunio, trefnu
yswagrio cerdded neu ymddwyn mewn ffordd rodresgar

Cyfres Llyfrau Llafar Gwlad – rhai teitlau

57. Y DIWYDIANT GWLÂN YN NYFFRYN TEIFI
    D. G. Lloyd Hughes; £5.50
58. CACWN YN Y FFA
    Ysgrifau Wil Jones y Naturiaethwr; £5
59. TYDDYNNOD Y CHWARELWYR
    Dewi Tomos; £4.95
60. CHWYN JOE PYE A PHINCAS ROBIN – ysgrifau natur
    Bethan Wyn Jones; £5.50
61. LLYFR LLOFFION YR YSGWRN, Cartref Hedd Wyn
    Gol. Myrddin ap Dafydd; £5.50
62. FFRWYDRIAD Y POWDWR OIL
    T. Meirion Hughes; £5.50
63. WEDI'R LLANW, Ysgrifau ar Ben Llŷn
    Gwilym Jones; £5.50
64. CREIRIAU'R CARTREF
    Mary Wiliam; £5.50
65. POBOL A PHETHE DIMBECH
    R. M. (Bobi) Owen; £5.50
66. RHAGOR O ENWAU ADAR
    Dewi E. Lewis; £4.95
67. CHWARELI DYFFRYN NANTLLE
    Dewi Tomos; £7.50
68. BUGAIL OLAF Y CWM
    Huw Jones/Lyn Ebenezer; £5.75
69. O FÔN I FAN DIEMEN'S LAND
    J. Richard Williams; £6.75
70. CASGLU STRAEON GWERIN YN ERYRI
    John Owen Huws; £5.50
71. BUCHEDD GARMON SANT
    Howard Huws; £5.50
72. LLYFR LLOFFION CAE'R GORS
    Dewi Tomos; £6.50
73. MELINAU MÔN
    J. Richard Williams; £6.50

74. CREIRIAU'R CARTREF 2
Mary Wiliam; £6.50
75. LLÊN GWERIN T. LLEW JONES
Gol. Myrddin ap Dafydd; £8.50
76. DYN Y MÊL
Wil Griffiths; £6.50
78. CELFI BRYNMAWR
Mary, Eurwyn a Dafydd Wiliam; £6.50
79. MYNYDD PARYS
J. Richard Williams; £6.50
80. LLÊN GWERIN Y MÔR
Dafydd Guto Ifan; £6.50
81. DYDDIAU CŴN
Idris Morgan; £6.50
82. AMBELL AIR
Tegwyn Jones; £6.50
83. SENGHENNYDD
Gol. Myrddin ap Dafydd; £7.50
84. ER LLES LLAWER – Meddygon Esgyrn Môn
J. Richard Williams; £7.50
85. CAEAU A MWY
Casgliad Merched y Wawr; £4.99
86. Y GWAITH A'I BOBL
Robin Band; £7.50
87. LLÊN GWERIN MEIRION
William Davies (gol. Gwyn Thomas); £6.50
88. PLU YN FY NGHAP
Picton Jones; £6.50
89. PEN-BLWYDD MWNCI, GOGYROGO A CHAR GWYLLT – Geiriau a Dywediadau Diddorol
Steffan ab Owain; £6.50
90. Y DYRNWR MAWR
Twm Elias ac Emlyn Richards; £7.50
91. CROESI I FÔN – Fferïau a Phontydd Menai
J. Richard Williams; £8.50
92. HANES Y BACO CYMREIG
Eryl Wyn Rowlands; £8

BYD Y MORRISIAID